掼蛋高手
速成攻略

丁华 郭慧◎著

U0299420

化学工业出版社
·北京·

图书在版编目（CIP）数据

掼蛋高手速成攻略 / 丁华，郭慧著. —北京：化学
工业出版社，2024.6
　ISBN 978-7-122-45553-6

　Ⅰ.①掼… Ⅱ.①丁… ②郭… Ⅲ.①扑克-牌类游
戏-基本知识 Ⅳ.①G892.1

　中国国家版本馆CIP数据核字（2024）第088961号

责任编辑：王婷婷　　　　　　　　　　封面设计：异一设计
责任校对：王　静　　　　　　　　　　装帧设计：盟诺文化

出版发行：化学工业出版社（北京市东城区青年湖南街13号　邮政编码100011）
印　　装：天津裕同印刷有限公司
710mm×1000mm　1/16　印张15¾　字数299千字　2024年7月北京第1版第1次印刷

购书咨询：010-64518888　　　　　　　售后服务：010-64518899
网　　址：http://www.cip.com.cn
凡购买本书，如有缺损质量问题，本社销售中心负责调换。

定　　价：89.00元

序一

掼蛋文化：因为热爱所以传承

　　非常荣幸能为丁华先生的新书撰写序言。2005年初，我有幸为"掼蛋"正式定名和首次统一规则，从此和掼蛋结下了不解之缘，当我拿到这本书的初稿时，我便被丁华先生对掼蛋游戏的深刻理解和热爱所打动。丁华先生是最早著作和出版掼蛋技巧图书的作者之一，这本书不仅是对掼蛋技巧的传授，更是对掼蛋文化的一种传承和弘扬。

　　掼蛋，这个源自淮安的民间扑克牌游戏，凭借其独特的魅力和策略性，已经吸引了越来越多的玩家。然而，掼蛋入门容易精通难，要想真正精通掼蛋，并非易事。它需要玩家具备敏锐的观察力、准确的判断力、搭档的团结配合和灵活的应变能力。而丁华先生的这本书，正是为了帮助广大玩家更好地掌握掼蛋的技巧和精髓而诞生的。

　　在书中，丁华先生从基础知识讲起，深入浅出地介绍了掼蛋的入门、如何进阶、如何精通为高手的攻略。他不仅通过丰富的实例和案例分析，让读者更好地理解掼蛋的玩法和技巧，还从基础的如何握牌、巧妙记牌基础技巧讲到深度的战术解析，分享自己多年的掼蛋经验和心得。这些宝贵的经验和心得，对于初学者来说，无疑是一笔巨大的财富；对于有一定基础的玩家来说，也是一次难得的提升机会。

　　此外，丁华先生还注重培养读者的独立思考和创新能力。他鼓励读者在掌握基本技巧的基础上，不断尝试新的战术和策略，挑战自我，超越极限。这种精神，正是掼蛋游戏所需要的，也是我们在生活中所需要的。

　　最后，我要感谢丁华先生为我们带来这样一本优秀的掼蛋著作。我相信，这本书一定会成为广大掼蛋爱好者的良师益友，陪伴他们在掼蛋的世界里不断探索、成长。

愿我们都能在掼蛋的游戏中，找到属于自己的快乐和成就，源于淮安，缘结世界！

淮安掼蛋文化协会会长　杨海军

杨海军，淮安市政协常委、淮安掼蛋非遗保护单位——淮安掼蛋文化协会会长。长期从事掼蛋文化推广，"掼蛋"名称创意者，掼蛋吉尼斯世界纪录组织者，国际掼蛋文化节、国际掼蛋联盟发起者，国家《淮安掼蛋竞赛规则》编委会委员。

掼蛋之道：丁华老师的新视角

2022年2月，初次接触掼蛋，我对扑克游戏还一无所知，但很快就被掼蛋的魅力所吸引。为了更深入地了解和学习掼蛋，我开始寻找相关的书籍和资料。在众多选择中，我发现了一本特别的书——丁华老师的《掼蛋技巧秘籍》。这本书不仅系统地介绍了掼蛋的基本规则和技巧，还提供了许多实战案例和分析，使我受益匪浅。

不久后，我有幸通过微信结识了丁华老师本人。他的亲切与热情让我倍感温暖，他鼓励我在遇到任何掼蛋问题时可以随时向他请教。从0到1，他教会我如何分析和总结每一场牌局，如何从中汲取经验教训并内化成真正所学。他还教会了我理解和实践牺牲精神以及成就他人的重要性，这些都是提升掼蛋水平的关键所在。在与丁华老师的交流中，我系统地学习到了很多关于掼蛋的知识技巧和经验总结。

除了掼蛋，丁华老师还向我传授了许多人生哲理和智慧，他不仅是我的掼蛋启蒙老师，更是我的人生智慧导师。每当我遇到困难或感到沮丧时，他总是给予我信心和鼓励，提醒我"因上努力，果上随缘"。他对儒释道的深入研究，使我们的交流常常超越掼蛋的范畴，触及更深层次的思想和观念。他经常引用古代兵法中的策略来解释掼蛋中的战术运用，如"以实击虚，攻其必救"等原则，这些都极大地丰富了我的掼蛋体验和精神世界。他让我知道有限游戏与无限游戏的区别，并鼓励我追求更高层次的精神境界。他曾问我：学习和打掼蛋的目的是什么？我说：追求卓越，超越别人，超越自我。他用红笔把"超越别人"这四个字划掉。是啊，我才是我自己最大的对手，他让我明白，我要超越的不是别人，而是我自己！丁老师就好比我前进路上的一盏明灯，照亮我的内心，指引我前进。

"追求卓越，超越自我"，以成为半职业牌手为目标的我，在掼蛋之路上孜孜以求，两年的时间，从一个小白到有幸拿到了市级比赛和一些特色比赛的冠军等奖项，这与丁老师对我的培养和支持是密不可分的。

如今，我非常荣幸能为丁华老师的新书作序。这本书不仅是他多年来对掼蛋研究和教学的结晶，更是他广博知识和深邃智慧的体现。我相信每一位读者和我一样，都能从中获得宝贵的启示和灵感，不仅在掼蛋领域取得进步，更能在人生的道路上不断前行！

香港科大掼蛋精英俱乐部创始发起人   袁冶
香港科大内地办（北京）主任

袁冶，香港科大内地办（北京）主任，多年来致力于加强香港与内地之间的人才培养和交流合作，在推动高层管理教育的发展、科技成果的转化、创新创业项目的扶持、各类型活动的组织和举办等方面，取得了显著的成绩。作为一名掼蛋爱好者，曾获第二届中国职工掼蛋锦标赛北京市女双冠军、全国商学院掼蛋精英赛冠军等。

序三

深厚文化土壤，孕育繁茂果实

　　2016 年，丁华先生出版了《掼蛋技巧秘籍》，如今又将出版《掼蛋高手速成攻略》，两本书都邀我作序，深感荣幸。

　　为什么掼蛋发源地在淮安，理论果实却是繁茂于徐州，人们百思不得其解。

　　2010年1月，徐州市扑克牌协会成立，是江苏省地级市最早成立的扑克牌社团组织。2012年徐州市人民政府首次举办全市掼蛋比赛，是地级市政府有记录的首次。2012年江苏省社体中心首次举办江苏省掼蛋精英赛，徐州选手赵维灿/褚福利获得冠军，这是省级体育部门有记录的首次。2012年江苏省第六届全民健身运动会在淮安市洪泽区举办，四个一等奖选手中有徐州的郑永/侯金栋，这是大型综合性运动会有记录的首次。2013年徐州市举办全市夫妻掼蛋比赛，这是有记录的首次。2013 年徐州市举办全市家庭掼蛋比赛，这是有记录的首次。2016年徐州市把全市掼蛋比赛放在五星级酒店举办，这是有记录的首次。2019年徐州老年大学掼蛋班开班，开创了全国老年大学掼蛋班的先河。2023年4月，中国老年大学协会在徐州举办"智汇中华·精彩绽放"第二届全国老年大学智力大赛掼蛋比赛。在掼蛋落地徐州的这十几年期间，李元庆、朱洪斌、戴建军、杨海军、段绪林、周高、周笑宇、雍建军、颜德军、徐建明、金晨、朱林军、赵龙、刘文、江杰豪、范松礼、张祥、刘湘等江苏掼蛋界大咖均来徐州推广掼蛋文化，对徐州掼蛋的推广起到了积极的促进作用。

在这样的背景下，丁华先生的第二本掼蛋书应运而生，也就不足为怪了。作为徐州掼蛋推广的第一人，我感到由衷的高兴和自豪。

"打快乐掼蛋，过健康生活，交良师益友，圆精彩人生"是我倡导的掼蛋理念。在推广掼蛋的过程中，我始终牢记我的恩师李建中先生的"牌品如人品，牌局似人生，小小方寸牌，博大又精深"的价值观。真诚祝大家在阅读本书的同时，不仅能了解掼蛋知识，提高掼蛋水平，更能通过掼蛋感悟人生！

扑克牌升级国家级裁判员　唐青

唐青，淮安人，民进会员。扑克牌升级国家级裁判员，1994年被评为江苏省优秀裁判员。2007年12月22日把掼蛋首次引入到徐州，成为徐州掼蛋推广第一人。2010年发起成立徐州市扑克牌协会，2010年担任徐州电视台《欢乐大赢家》掼蛋节目解说嘉宾。徐州市第二届全民健身运动会掼蛋比赛裁判长、全国第二届老年大学掼蛋比赛裁判长。

知识的趋向是丰饶

当化学工业出版社的编辑，邀我再写一本掼蛋书时，我的内心本来是想谢绝的。

一是不比8年前我写《掼蛋技巧秘籍》的情况，那时候相关的书籍还很少，但现在掼蛋书已经有二十几本之多了，再写一本又有什么意义呢？

二是精力已大不如前。如果一定要创作，我宁愿出一些小的掼蛋专题课程，比如：记牌方法、组牌技巧等。这样不仅价格可以定得更高，而且还省时省力。可写作毕竟是一件十分辛苦的事，能不能如期交稿，现在感觉都是个问题。

可是编辑说了：这么多年过去了，您肯定积累了很多新的内容，这些内容您不写，总有人会写的。而且，我们把时间定得宽松一些，您只管写作就行了，剩下的工作全都交给我。

在编辑的循循善诱下，我心动了。

知识的趋向是丰饶。在我看来，把知识卖高价的这点小心思，一定违背这一客观规律。那还是由我来写一写，为了和上一本书有较大的区别，就多写一些专题技巧吧。

宽为限，紧用功。再写一本广受欢迎的掼蛋书籍，也还是有可能的。

在敲定了书名之后，愉快的合作就开始了。

丁华　2024年3月于徐州

随书赠送40集视频讲解课程，微信扫描下方二维码即可获得。

目　录

第一部分　掼蛋入门

第二部分　掼蛋进阶

第三部分　掼蛋精通

第四部分　掼蛋杂谈

第一部分
掼蛋入门

第 1 篇　掼蛋这么怪的名字，是怎么来的

"掼蛋"，第一次听到这个名字时，和很多人一样，我有点"丈二和尚——摸不着头脑"。

听人解释，原来"掼"就是"摔"，"蛋"就是炸弹，"掼蛋"就是摔炸弹的意思。听起来将信将疑，因为炸弹的弹，怎么变成鸡蛋的蛋了呢？

相传，掼蛋最早起源于20世纪60年代的淮安市民间，是以两副扑克牌为器材，四人两两结对进行对抗的游戏。由于增设了同花顺炸弹和2张逢人配（百搭牌），炸弹数量也就比四人斗地主多了很多，因此炸弹接二连三地摔出来，非常过瘾。在竞争性、合作性、趣味性方面，比其他牌类游戏也都略胜一筹。因此，喜欢打掼蛋的人越来越多。据2023年3月的一次网络调查统计，掼蛋爱好者已多达1.4亿人。有"饭前不掼蛋，等于没吃饭"之说，会玩掼蛋已然成了社交的必备技能。

纵然有60年左右的发展历史和广泛的群众基础，但是掼蛋的名字，其实是2005年才确立的事。在此之前，掼蛋并没有文字，只有和掼蛋发音类似的方言。这个也好理解，方言找不到对应的文字，确实是常有的事。比如，捉迷藏在我老家叫"藏fǎmú"，这后两个字是哪两个字，只有天知道。

所以，还有一种说法是，掼蛋的本名叫"关栏"。在淮安方言中，关栏和掼蛋的发音是相同的，寓意是一级没升，被关在栏里。但这种说法的真实性，已很难考据了。我问过几位淮安的朋友，他们也说不出个一二三来。

不过，可以肯定的是，2005年淮安网的创始人杨海军先生，着手开发掼蛋互联网游戏，以笨蛋、坏蛋、鸡蛋、活珠毛蛋、铁蛋、银蛋、金蛋等作为会员级别，注册了guandan.com的网站域名，并正式命名为"掼蛋"。同年6月，《淮安日报》发布了第一条掼蛋新闻，"掼蛋"二字第一次见报，名称就此传播开来。

时间来到了2023年，掼蛋改名"掼牌"引发了广泛的争议，这又是为什么呢？请看下一篇。

第2篇　掼蛋改名掼牌的迷思

2023年5月，国家体育总局棋牌管理中心《关于发布掼牌（掼蛋）相关制度的通知》中，明确为掼蛋赋予了新的名称：掼牌。一石激起千层浪，反对的声音此起彼伏。

不过，我还是很理解有关部门的。

第一，"掼蛋"并不是自解释的名字，总需要多解释两句，而且还不一定能解释得清楚，这样很不利于掼蛋的传播和推广。掼蛋在名字上比起"斗地主"和"升级"，确实要逊色多了。

第二，"掼蛋"容易让人引发不雅的联想。淮安掼蛋文化协会发明了蛋位制，但给一位女士颁发二蛋大师的称号，总还是感觉怪怪的。

第三，"掼牌"符合棋牌项目的命名法则，有利于掼蛋走向世界。

从以上三点考虑，在保留特色的基础上，棋牌管理中心改掼蛋为掼牌，确实用心良苦，值得肯定，很有道理。

但是，有道理并不代表着能成功。

第一，掼蛋不隶属于哪个组织。掼蛋起源于民间，已经有太多人习惯掼蛋这个名字了。

第二，感觉"蛋"字不雅，还是不熟悉所造成的。我们平时吃的鸡蛋，说的时候哪有什么不雅的感觉。

第三，掼牌缺少类似"饭前不掼蛋，等于没吃饭"的顺口溜，同样不利于传播。

在过去，有人想把掼蛋改为掼弹、龙牌或中国桥牌的，但无一例外都失败了。

那这一次能不能改成功呢？其实成功与否并不重要，我们更关心如何打好掼蛋，请看下一篇。

第3篇　洗牌和切牌暗藏的玄机

拿到两副新牌，首副牌由谁来洗牌呢？

正式比赛规定，由东家洗牌，这是为什么呢？因为，自古以东为大，有东道主、东宫太子之说。如果室内方向难辨，牌桌又无方向指示标志，默认以主席台的方向为东。

东家将牌彻底洗5～7次后，将牌放置牌桌中央。但在洗牌过程中，最底下的一张牌，东家本人或其他人是有可能看到的。这一点，很多人并没有留意到。因此建议洗牌人在洗好牌后，最好在自己手里先切一下，把这个信息隐藏掉，以彰显专业。如果洗牌人不够专业没有先切牌，那负责切牌的人就要注意了，在切牌后要把切好的两摞牌合成一摞牌，以免被有心人利用。

东家有洗牌权，那切牌权就交给另外一队的南家，以追求平衡，当然更重要的是防止作弊。

南家切牌并翻出一张牌，如翻出的牌为王牌或红心2，则重切重翻。为什么需要重切重翻呢？因为王牌比较大，而红心2则是百搭牌，它们作为明牌是不合适的，很可能会影响牌局的走向和结果。

从南家开始，依次翻出牌张的牌点，按逆时针方向点数出首抓者，抓到翻出牌张者首圈领出牌。这里有个口诀，可以帮助快速点数出首抓者：

二六过一，

对门三七，

五九自手，

四八到底。

意思是：翻出2和6，下家首抓；翻出3和7，对门首抓；翻出5和9，自己首抓；翻出4和8，上家首抓。如果翻出其他牌点，可以加4或减4，再往口诀上靠就可以了。比如翻出J，那减4为7，对门首抓。

这是首副牌决定首抓和首出的机制，但从第二副牌开始，就不需要再这么费事了。

从第二副牌开始，由上副牌头游的上家彻底洗牌2～3次，头游切牌，下游首抓。但双下时由谁首抓呢？答案是由头游的下家首抓。

这条规则里面有什么玄机吗？

首先，绝对不能由头游洗牌。这是因为，如果头游洗牌，他可能偷偷地把两张大王洗在一起，那接下来，无论别人怎么切牌，都不可能出现抗贡的现象。这样，头游方就可以确保下一副牌在单路上的优势。

其次，既然头游方让出了洗牌权，那他拥有切牌权就无可争议了。这样做，同样是追求权力的平衡，防止作弊的可能。

上面提到了红心2是百搭牌，这是因为2是第一副牌的级牌。请看下一篇。

第4篇　升级：自带的奖励机制

掼蛋是四人参与、和对家搭档成一队，用两副扑克牌，和另一队进行对抗的游戏。

手里的牌第一个出完的是头游（上游）；第二个出完的是二游；第三个出完的是三游；最后一个出完的是末游（下游）。

拿到头游的一队为赢家，可以获得什么奖励呢？

第一，奖励本队升级。搭档二游，可升三级；搭档三游，可升二级；搭档末游，可升一级。比如，第一副牌从打2开始，升三级的话，下一副牌就打本队的5，而另一队仍然打2。这样两队的级数就拉开了差距。这是意义深远的第一条规则，有"头游就是硬道理"之说。

第二，奖励打下一副牌时，输方向赢方进贡手中最大的牌。

这种自带的奖励机制，使得掼蛋一下子和麻将、斗地主区分开来。麻将和斗地主多少总要博点彩头，不然输赢有什么意思呢？！但掼蛋则可以是一项非常文明的智力运动。

一副牌打几，几就是级牌。级牌共有13种，从小到大依次是2、3、4、5、6、7、8、9、10、J、Q、K、A。而级牌在大小上仅次于大王和小王，因此级牌也称为"参谋"，是仅次于正副"司令"（大小王）的存在。

既然级牌这么大，那第一副牌打2，在切牌时如果翻出红心2，需要重切重翻就好理解了。

但是，为什么只有红心2有此待遇，其他花色如黑桃、方块和草花，

就没有此待遇了呢？

这是因为，红心级牌有更大的价值。请看下一篇。

第 5 篇　逢人配：人见人爱的红心级牌

如果评选最受欢迎的一张牌，那当数红心级牌，连大王都得靠边站。这是为什么呢？

这是因为，红心级牌又称"百搭牌""万能牌""红配"，可以变成任意牌（大、小王除外），和其他牌搭配成合规牌型使用。

由于不能变成大小王（也称"大小鬼"），红心级牌就有了更贴切的名字：逢人配。

这里面有三层意思，很多人的认识是不全面的。

第一层，逢鬼不配。也就是不能变成大小鬼。

第二层，一定要逢人。也就是一定要和别的牌（人）在一起时才能变。没有别"人"，自己是不能乱变的，只能老老实实做普通级牌使用。

第三层，变身后，可和其他牌一起，搭配成合规牌型。只要整体牌型合规，就被允许。如果合规的牌型不止一个呢，这个我们以后再说。

逢人配的这种变身能力，使它成了人见人爱的对象。甚至可以说是一种战略资源，一种重要优势。有一说法是：有两张逢人配，约等于头游。可见，逢人配的重要性。

既然逢人配可以和其他牌搭配成合规牌型，那掼蛋中都有哪些合规牌型呢？请看下一篇。

第 6 篇　七种冷兵器

掼蛋的合规牌型共有10种，我们先来看七种冷兵器牌型。

1. 单张：手中的任意一张牌。单张的逢人配，只能当单张级牌使用，不能变成别的牌。

2. 对子：两张牌点相同的牌，包括两张大王和两张小王。两张逢人配组成的对子，只能当级牌的对子使用，不能变成别的对子。这一点连规则上都是不明确的。

逢人配搭配单张，可组合成对子。以打2为例（后文如无特别说明，都以打2为例）：

红心2搭配单张5，可当对5使用。

3. 三同张：三张牌点相同的牌，如222。

单逢人配和对子，双逢人配和单张，都可以当三同张。

比如红心2和对5，可当三张5。

以上三种冷兵器是单一牌点的牌型，下面是四种组合牌点的牌型，也称为"长牌""整牌"。

4. 三带对：一个三同张带一个对子，如222+33。

三同张只能带对子，不能带1个单张，更不能带2个单张。因此，三带二/三加二这样有歧义的名称，就慢慢被淘汰了。

因为有三带对牌型，所以三同张也称为三不带或光三。

三带对有一个更简单的名字：夯（音hāng）。还有一个更形象的名字：葫芦。

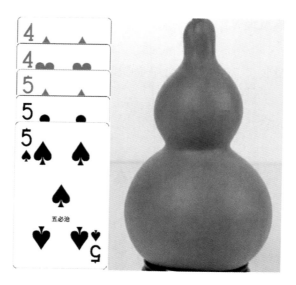

这个样子，是不是很像葫芦呢！

逢人配参与的三带对有多种。

第1种配对子：

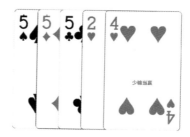

第2种配三同张：

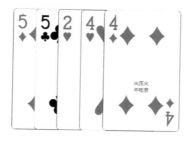

但这儿是组三张5，还是组三张4呢？按规定三同在左、对子在右，所以这样排列是三张5带对4，如果确实想组三张4带对5，那可以这样排列：

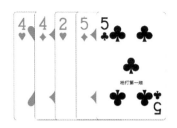

但在打电子牌时，由于无法调整排列，那按什么算呢？这个问题，在顺子牌型中细讲。

第3种既配对子又配三同张，这种配法非常罕见：

5.顺子：五个牌点相邻、花色不同的单张，如34567。

也可以有逢人配参与：

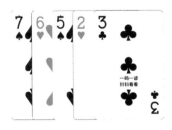

但逢人配在两头时，会引发歧义：

这既可以是34567的顺子，也可以是45678的顺子。为此规则特别强调：应将逢人配摆放于所替代牌点的位置。在打手抓牌时，如果按上图排列，那就只能是34567的顺子。但在打电子牌时，如果遇到这种情况，歧义就很难被消除。有的平台会提示做选择，但更多的平台则不会，而是按配大不配小的原则，默认是45678的顺子。

还有两张逢人配参与的顺子，非常罕见：

由于花色不同，顺子也称为杂顺，以和同花顺牌型区别开。

6. 三连对：三个牌点相邻的对子，如22+33+44。

有一张逢人配参与的三连对：

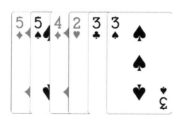

有两张逢人配参与的三连对：

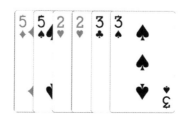

但用两张逢人配可能会有歧义：

既可以是554433，也可以是665544。当然歧义还不仅仅是这些，因为还有可能组555444的三同连张牌型。同样地，打手抓牌根据排列的顺序算，但打电子牌则比较麻烦。

7. 三同连张：两个牌点相邻的三同张，如222+333。

有一张逢人配参与的三同连张：

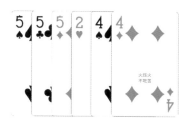

有两张逢人配参与的三同连张：

但下面的组合会有歧义，因为还可以组665544或554433。

三同连张和三连对，都是总数为六张的牌型。由于相同牌点的"厚度"不同，所以它们有更形象的名字：三连对又称木板，三同连张又称钢板。

以上七种牌型，属于冷兵器。除此之外还有三种炸弹，请看下一篇。

第7篇　三种热兵器

掼蛋有三种炸弹牌型，属于热兵器，俗称"枪""火"。

1.同炸：四张或四张以上牌点相同的牌，如2222、33333、444444等。由于逢人配的存在，理论上最多可以有十张的同炸。

同炸俗称"头炸""条炸"，所以四同炸也可称为"四头炸"，五同炸也可称为"五条"。

有一张逢人配参与的四同炸，如四张5，这是最常见的配法。

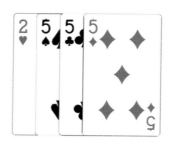

有两张逢人配参与的四同炸，如四张5。

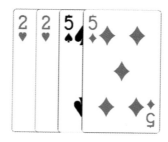

有一张逢人配参与的五同炸，如五张5。除非必要，一般不这么配，因为相当于浪费了一张逢人配，具体原因我们在讲"组火原则"时再说。

2. 同花顺：花色相同的顺子，如黑桃34567。

同花顺，俗称"火箭"，但具体原因不得而知。

有一张逢人配参与的同花顺，逢人配当黑桃6使用，这是最常见的配法。

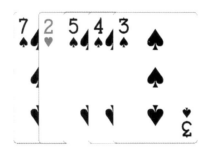

如果逢人配非要当其他花色的6呢？这就有歧义了，要对牌型做出特别的说明，此时就不是同花顺，而是普通的杂顺了。其他有歧义的情况和杂顺完全相同，不再赘述。

有两张逢人配参与的同花顺，这种组法偶尔也能见到。

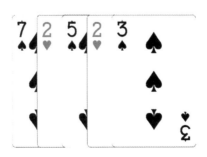

3. 四大天王：大王、小王各两张牌。

这是掼蛋中最大的牌，也称王炸、核炸弹。

由于逢鬼不配，这个牌型就不关逢人配的事了。

好了，十种牌型我们都掌握了，其中三种热兵器有巨大的优势，这是由大小比较的规则决定的，请看下一篇。

第8篇　大小的比较：意义深远的第2条规则

掼蛋的十种牌型怎么比较大小呢？

第一，冷兵器之间：不同牌型不能比较大小。大王再大，也打不过对3；对大王再大，也打不过三张3。这自然形成了牌路的概念。

第二，热兵器大过任意一种冷兵器。四张3，就可以打单大王、对小王、三张级牌带一对。所以，炸弹拥有巨大的优势，也是牌力的决定性因素。

第三，热兵器之间，不同牌型可以比较大小。四大天王＞10同＞9同＞8同＞7同＞6同＞同花顺＞5同＞4同。要注意的是，同花顺的大小介于6同和5同之间。

第四，相同牌型的牌，张数多的为大，张数相同的比牌点的大小，牌点也相同那就是一样大。

牌点，由大到小依次为大王、小王、级牌、A、K、Q、J、10、9、8、7、6、5、4、3、2。

比如，都是同炸，6同大于5同；都是5同，比牌点的大小；除了同炸，其余牌型的张数都是相同的，大小由牌点决定。

单张、对子、三同张、三连对、三同连张、顺子和同花顺，这七种牌型直接根据牌点比较大小。

但三带对，仅比较三同张的牌点大小，不比较所带对子的牌点大小。比如JJJ带对大王，对子再大也小于QQQ带对3。

第五，花色不参与大小的比较。有一种掼蛋的变种打法：侨牌，规定相同牌点的同花顺，红心为大。但仅在特定支持的比赛中有效。

牌型大小的比较，是意义深远的第2条规则。在拙作《掼蛋技巧秘籍》一书中，我把"头游定胜负""牌型比大小"看作是掼蛋中最重要的两条规则，因为很多技巧都是由这两条规则引申出来的。

仅仅知道以上的大小比较规则还不够，因为相同牌型的顺牌比较大小，还有其特殊性。请看下一篇。

第9篇　下放：顺牌比较大小的特殊性

除了三带对比较大小有特殊性，顺牌比较大小也有特殊性。掼蛋中共有以下四种顺牌。

1. 顺子，也称单顺，意思是单张组成的顺牌。

2. 三连对，也称双顺，意思是对子组成的顺牌。

3. 三同连张，也称三顺，意思是三同张组成的顺牌。

4. 同花顺，花色相同的顺子。

这四种牌型有共同的顺牌的特点。

1. 最小从1开始。顺子和同花最小是A2345，木板最小是AA2233，钢板最小是AAA222。此时A当1来使用，也称为"下放"，就算当前打A，也不例外。

2. 最大到A结束。顺子和同花最大是10JQKA，木板最大是QQKKAA，钢板最大是KKKAAA。没有"JQKA级"的顺子和同花，没有"AAA级级级"的钢板，更没有"AA级级小王小王"的木板。

3. 级牌在顺牌中，只能按原始牌点大小使用，同样称为"下放"。比如当前打8，那56789的顺子，仍然小于910JQK的顺子，因为级牌8被下放使用了。当然在打A时，下放与不下放的效果都是一样的。

这些共同的特点，使得顺牌比较大小，有了自己的特殊性。

知道下放最严重的牌型是什么吗？看下图。

这是12345的杂顺，其中A下放了，级牌方块2下放了，双逢人配也相当于下放了。当然，在现实中不太可能出现这样的情况，仅仅双逢人配组杂顺的案例就非常罕见了。

下放机制增加了组顺牌的可能，也增加了组牌的艺术性。可以说，组好顺牌，是成为掼蛋高手的必要条件。

但有一点是要知道的，下放组顺牌是伤牌力的。在精通部分，我们讲组牌技巧时，还会再讲。

当牌手按照比大小的规则，不断打出十种牌型中的一手牌，对前一手别人的牌进行压制，掼蛋的战斗就开始了。同时，自己手里的牌也越来越少，少于一定的数量，就需要主动报出剩余牌张的数量。这是为什么呢？请看下一篇。

第10篇 几张报牌最科学

在出完一手牌后，如果手里剩余牌张的数量≤10张时，应立即主动报出剩余牌张的数量，称为"10张报牌"。

报牌的目的是，"友情"提醒其他人注意：我手里的牌快要打完了。

但为什么是10张呢？

掼蛋早期曾经是6张报牌的规则。因为冷兵器牌型最多是6张牌，就算热兵器中的同炸有7～10的张可能，但这只是理论上的存在，实战中几乎遇不到。此时报牌规则是为了防止趁别人不注意，一手牌偷跑的可能。

不过，6张报牌有一个问题。当剩下的一手牌就是一手炸弹，那提醒别人自己不会偷跑，又有什么意义呢？

因此有些地方开始实施7张报牌的规则。但7张报牌对上面的问题只是略有改善。九出五、十出五剩下一手炸弹，这些常见的情况，再报牌仍然没有多大的意义。

但10张报牌就不同了。10张报牌可以解决绝大多数报牌时只剩一手炸弹的问题。

除此之外，10张报牌还有以下优势。

1. 理论上确实是一手牌最多可能有10张。

2. 提醒非常及时，因为只要不报牌，再出一手净剩炸弹的可能性不大。如果低于10张报牌，这种可能性仍然较大。如果高于10张报牌呢，提醒得又嫌太早了。

3. 继承了同样是10张报牌的四人斗地主的一些打法技巧，比如"七张八张，出顺打夯"等口诀。这样，残局的战斗就更加精彩、更有节奏和章法了。

因此，目前正式规则的10张报牌，就是最科学的。

当一人手里的牌出完，会面临借风出牌的问题。请看下一篇。

第 11 篇 借风和接风，哪个意思更准确

在按逆时针顺序出牌、逐级压制的过程中，如果某牌手出的牌，其他人都不打，则一圈牌结束。该牌手获得本圈牌的胜利，并获得下一圈的领出牌权。

比较吊诡的是，掼蛋中的"一圈"，很可能转了不止一圈。借鉴拳击比赛中的名称，"一圈"也许称为"一回合"更合适一些，这是题外话。

当牌手出完牌，但又获得了下一圈的出牌权，矛盾的事情就出现了。

此时的规定：由其搭档承接下一圈的领出牌权，称为"借风"。

但在现实中，很多人都称此为"接风"。"借风"和"接风"究竟哪个意思更准确一些呢？仿佛各有各的道理。

主张"借风"的一派认为：这就是借对家的东风啊，接风？难道是为

对家"接风洗尘"吗？

但主张"接风"的一派认为："接"是承接的接，接力的接。借风？自家的风还用借吗？难道还准备"有借有还"吗？

好在，"借风"和"接风"的读音相近，普通人也就不必太在意其中的区别了。

当对家也把牌出完，一副牌的战斗也就结束了。下一副牌，输家要向赢家进贡，请看下一篇。

第 12 篇　为什么不用进贡逢人配

从第二副牌开始，在出牌前要先进行"进贡和还贡"环节的操作。

如上副牌出现双下，则双下方的两人均要向对方进贡，称为"双贡"。其他情况下，只有末游要向头游进贡，称为"单贡"。末游和头游是同一队的仍然要进贡，称为"内贡"或"内调"。

要进贡的人，一人或两人合起来抓到两个大王，则可以"抗贡"。进贡和还贡的环节因此取消，由头游获得首圈领出牌权。不需要进贡的人，无论抓到几张大王，都不会支援对家抗贡，只能拖累对家抗贡。

进贡牌必须是全手牌中最大的一张牌，但逢人配除外（原因稍后分析）。

双贡时，头游选择牌点较大的进贡牌，二游选择牌点较小的进贡牌，并对应还牌。若进贡牌牌点相同，则向上家进贡，并对应还牌。还牌时，需先将牌面向下，由两位进贡者同时翻开亮牌。但规则并没有明确，进贡时是否需要先将进贡牌面向下，这会带来两个问题。

1. 一人可以参考另一人的进贡牌，而选择自己的进贡牌。

2. 早就抓到两张大王的人，可以不动声色地等待对家先亮出进贡牌，再潇洒地亮出对大王抗贡。这样就多了一次沟通单路的机会。

单贡时就简单多了，没有这么多弯弯绕，进还牌时直接亮牌就可以了。

还贡牌必须是一张牌点≤10的牌，可选择的空间较大，但需要的技巧也更多一点。

无论单贡还是双贡，还贡后均由进贡给头游者获得首圈领出牌权。

无论单贡、双贡还是抗贡，可以推定首圈领出牌的人没有大王。这种推理能力，也是打好掼蛋的必要条件。

至此，"进贡和还贡"环节结束。

但为什么不用进贡逢人配呢？来看下图。

这手牌最大的一张牌是逢人配，规则规定可以不用进贡。因此，只需要进贡次大的草花A就可以了。

分析大概有以下两个原因：

1. 逢人配是战略资源，如果进贡出去，损失太大。收到的还贡牌再有利，也难以弥补这种损失。

2. 收到逢人配的人，牌力得以大大加强。还贡又可以去掉一张累赘牌，进一步加剧了牌力的失衡，从而导致战局一边倒的现象，降低了掼蛋的精彩和激烈程度。

随着第二副牌的开始，双方的级数可能交替上升，也可能是一方一骑绝尘。但总有一方的级数率先打到A，此时有什么特别的情况呢？请看下一篇。

第13篇　打A：谁说掼蛋没有台上的概念

当有一方率先打到A，作为最后一关，打A有几个特别的地方。

第一，A必打。必打的意思是指，不能通过升级跳过A。比如一家打

Q升了3级，或者打K升了2级，下一副牌都要打A。

第二，打A方过关，有软过关和硬过关之分。软过关是指，一家头游对家三游即可过关，俗称"一三过"；硬过关必须是双上才能过关，俗称"一二过"。由于硬过关难度太大，正式规则里硬过关就被取消了。如果只打成了"一四"，是不能过关的，下一副牌需要继续打A。

在不打A时，不论打哪方的级牌，获胜方都升级，于是有人总结：掼蛋没有台上台下的概念。

台上台下的概念，源于"升级80分"的扑克游戏：台下方拿满80分先上台，不满80分台上方升级。这样就有可能早早形成拉锯战，节奏上就比掼蛋慢多了，不如掼蛋更加适应当前快节奏的生活。这也是掼蛋更加流行的原因之一。

但掼蛋的甲乙两队都打到A时，并非没有台上台下的概念。打甲队的A，甲队在台上，甲队才有机会过关，而乙队就算拿双上也没有机会过关，只能下一副牌上台，打乙队的A。

正式规则中，对此说得并不是太明确，容易引发歧义。很多爱好者咨询过这个问题，可以这样理解：在台上打A时，拿"一三游"过关。有的地方称台上为"坐庄"，那就是庄家打A时，拿"一三游"过关。

打A的这种特点，产生出以下打牌的技巧。

1. 打A时，台上方不必打双下，可以更稳健一些。当然也有可能因为保守，而错失胜利机会。

2. 打A时，台下方如果牌力较弱，可采取"放一打一"的策略，避敌一人锋芒，合二人之力，打敌另一人末游，保留继续缠斗的机会。

3. 打Q和K时，打双下的收益降低，同样不强求打双下。过于用强，反而可能将赢牌打输。

打A过关后，一整局的胜负落定，快的话一小时也就结束了。可以中场休息，再开启新一局的战斗。

熟悉了以上的掼蛋规则，就算是"会"打掼蛋了，可以上桌打牌了。但接下来会遇到一个新问题：手握27张牌有难度。请看下一篇。

第 14 篇　拒绝掉牌 1：三种常见的握牌姿势

对于新手来讲，一下子握住27张牌，确实有一定的难度。要么牌握得十分松散，一碰就掉；要么在理牌的时候，经常会出现掉牌的现象。我们来看看高手是怎么解决这个问题的。

高手常用的握牌姿势有三种。第一种，一字长蛇阵，如下图。

把牌按从小到大、从左向右依次做扇形排列。这种握法的优点是简单易学，但缺点也很多：一是看同花顺和杂顺不方便，需要较高的看顺子的功力；二是别人容易判断你手牌的情况，比如你习惯把大牌放右边，抓牌时经常把牌插在右边，那就说明这副牌你的大牌比较多。

当然也可以从大到小排列，如下图。

但这样排列有一个弊端。有些正式比赛要求打出去的牌，必须按从

小到大、从左到右的顺序排列，那这样握牌就会很不习惯：牌在打出前，需要调整一下顺序。

第二种，明暗多排阵，如下图。

鉴于一字长蛇阵的缺点，可以把10以上的大牌放一排，10以下的小牌放一排，再把理好的同花或炸弹放在另一排。牌有明有暗，别人就不好判断了。同时，牌的展幅变小，手小的人也能握住全部的牌。

第三种，纵横排列阵，如下图。

不同的牌，仍然从大到小、从左到右依次排列，但相同的牌纵向排列。这种方式，也是大多数网络掼蛋平台默认的排列方式。因此经常在网上掼蛋的选手，在线下打牌时，更习惯这种握牌方式。

这种握牌方式的优点：一是牌的展幅同样较小，更适合手小的人使用；二是看顺子比较方便。

以上三种握牌方式，哪一种方式更好呢？如果你还没养成习惯，建议使用明暗多排阵，并按从小到大、从左向右排列。这种排列方式的层次更丰富，而且还有另外一个作用：有助于提高记牌能力。这一点参照记牌相关的篇幅。

把牌握好，还有一个手劲锻炼的问题。这个就要靠多打多练了，等五根手指的力量都上来，再多握个十张八张也不会掉牌了。

除了人的因素，掉牌还有牌的因素。请看下一篇。

第15篇　拒绝掉牌2：掼蛋专用扑克的三个优点

基于掼蛋的抓牌、握牌、插牌和理牌，特别是理杂顺、理同花的特点，扑克厂家发明了掼蛋专用扑克，可以很好地解决打牌过程中的掉牌问题。

掼蛋专用扑克通常有以下几个优点。

第一，尺寸上更长更宽一些。长度更大了，有利于纵向插放更多的牌；还有利于洗108张牌，因为牌更容易弯曲。整体尺寸大了，牌与牌之间的接触面积更大了，摩擦力也就更大了，因此更不容易掉牌。

第二，材质采用布纹纸或表面采用压纹工艺。有了纹路，牌与牌之间的摩擦系数就加大了，同样不容易掉牌。

第三，角码、花色或花色特殊标记更靠近边缘。这样牌与牌之间，可以排列得更加紧密，同样加大了接触面积。

笔者也设计了几款掼蛋专用扑克，并申请了专利，具有以下优点。

（1）长宽比符合黄金分割比，更加美观。

（2）多处设计加入了中国元素，更具中国特色。

（3）大字设计，对眼睛更友好。

（4）独特同花标记，更方便理出同花顺。

（5）将40条掼蛋谚语的视频讲解，通过二维码融入扑克中。扑克不

仅仅是扑克，更是一部知识产品，扫码即可学习相关课程。

工欲善其事，必先利其器。想要快速提高掼蛋水平，置办好的装备，也是不可或缺的因素。

有需要掼蛋专用扑克的朋友，可以联系笔者。

如果换了新的装备，仍然时不时地掉牌，那还有最后一招："埋地雷"。就是把理好的炸弹，扣过来"埋"放在面前的桌子上。这样，变被动掉牌为主动"掉牌"，问题就自然解决了。

你可能会有疑惑，这岂不是暴露"实力"了吗？！那就夹杂着"埋"1～2个顺子或三带对，玩一招"虚虚实实、实实虚虚"，是不是更有意思呢。

规则了解了，牌也会握了，但还不能算是入门。请看下一篇。

第 16 篇　以终为始：头游的四种主要姿势

一人头游，全队升级；头游就是硬道理。既然头游如此重要，我们以终为始，先来看看拿头游有哪些姿势，以有利于抓住每一个头游的机会。

1. 炸弹胜

炸弹多，需要护送的小牌少，最后富余1把或更多的炸弹，俗称炸弹沉底。

这就是传说中的好牌。胜利了，只能获得一般的快乐。

在网络平台上打掼蛋时，有一种比较玄乎的说法：打成炸弹沉底获胜，下一副牌对手容易抗贡。这种说法有一定的道理，但很难证实或证伪。

2. 闯关胜

倒数第2手出的牌恰好无人能敌，也就是炸弹或大牌刚好把小牌护送完，没有浪费。

牌力弱于炸弹胜。

3. 听牌胜

剩最后一手牌，需要队友帮助送牌。炸弹或大牌不够用。

实战中被对手送牌，或者自己送自己获胜，也可算是听牌胜。

牌力弱于闯关胜。

这种牌胜利了，可以获得很大的快乐。有人甚至说，这是掼蛋获胜的最高境界。

4. 偷袭胜

对手以为你一次出不完，结果对手错了。6张牌的木板和钢板可用于偷袭。

还有一种情况：对手被你的气势震慑，放弃了阻击，结果你赢了。

一副牌中，常见的头游姿势是第2、3两种，而第3种常因闯关失败形成。

因此有必要进一步了解闯关，请看下一篇。

第17篇　闯关的三种主要方式

如果把头游比作终点，闯关就是最常见的冲线方式。围绕闯关与阻击闯关，攻守双方上演着太多斗智斗勇的故事。

1. 炸弹闯关

1把炸弹+1手牌，别家先出。

炸弹越大，成功率越高。

如果感觉对手有更大的炸弹，可以选择适当忍耐，期待顺走小牌，转变为炸弹胜；也可以等对手大炸出来，再强行闯关。这种情形，也可以认为是进入了听牌状态。

2. 登基牌闯关

1手登基牌+1手牌，自家先出。

什么是登基牌？就是同牌型中最大的牌。

单张：大王是登基牌。顺子：10JQKA是登基牌。

如果对手无炸弹，则闯关成功。

如果对手有炸，大多数情况也应强行闯关。

3. 长牌闯关

1手长牌+1手牌，自家先出。

什么是长牌？5张及5张以上的冷兵器为长牌。三带对、顺子、木板和钢板都是长牌。

如果对手的牌数都剩5张以下，那你的长牌肯定就是登基牌了。

虽然大多情况下搞不清长牌是否登基，但往往对手的长牌已出完或牌已打散，所以闯关成功的可能性也不小。

4. 其他方式闯关

有时候，三同张或对子也可以用来闯关。

登基牌不仅可以用来闯关，而且还与逼炸、回手、阻断等多种技巧相关，请看下一篇。

第18篇　记牌的作用之掌握登基牌

登基牌如此重要，我们来看看登基牌的类型。

1. 自然登基牌

抓牌完毕之后，自然形成的同牌型中最大的牌。

大王是单张的自然登基牌。

对大王是对子的自然登基牌。

3张级牌，是三同张中的自然登基牌，带上对子则是三带对的自然登基牌。

10JQKA，是顺子的自然登基牌。

QQKKAA，是木板的自然登基牌。

KKKAAA，是钢板的自然登基牌。

一副牌中，以上例子中的长牌，并不总会有。

2. 新晋登基牌

更重要的是，随着打牌的进行，登基牌会不断发生变化。

大王都出了，则你手中的小王在单张中登基。

四王都出了，则你手中的级牌在单张中登基。

四王和级牌都出了，则你手中的A在单张中登基（A是级牌时，K登基）。

大小王各出1张，则你手中的对级牌在对子中登基。

外面打出了4张级牌（不含逢人配），则你手中的AAA在三同张中登基，如果带对子，则在三带对中登基。

打牌时要记牌，才能清楚地掌握手中所有的登基牌，这是制定合理战术的前提。

显然，记住出过的每一张牌不仅难度太大，而且也无必要。

对于新手而言，首先要记住4张王的情况，也就是说要掌握单张级牌的登基情况，以便必要时形成闯关之势。

掌握登基牌只是记牌的作用之一，更多记牌的话题，请看后续专门的篇章。

以终为始，在了解拿头游的基本技巧之后，让我们回到开始。

起手27张牌，如何判断手中的牌是否有头游之相呢？请看下一篇。

第19篇　头游的资本——牌力及其三种衡量方法

虽然自己拿头游很快乐，但把把都想拿头游是不现实的，这要取决于牌力。

起手一把烂牌，即使你牌技再高，也不可能拿到头游，这正是"巧妇难为无米之炊"。

这时候，明智的做法是帮助队友拿头游，同样可以享受胜利的快乐，这是一种团队精神。

因此，一开始就要根据自己的牌力，决定打牌策略。

➤ 强牌策略：当仁不让，力争头游。

➤ 中牌策略：边打边看，把握机会。

➤ 弱牌策略：放弃头游，力助队友。

那如何衡量牌力的强弱呢？

1. 感觉艺术法

➤ 强牌：炸弹多、大牌多、牌形整。

➤ 弱牌：炸弹少、大牌少、牌形散。

➤ 中牌：介于强牌与弱牌之间。

艺术的事情，总是让人难以把握，举几个例子吧。

强牌例子：

点评：对Q和单10很可能顺掉，兵种齐全且出牌即可登基逼炸（大王、对2、钢板、顺子），很容易以炸弹胜的方式获得头游。

中牌例子：

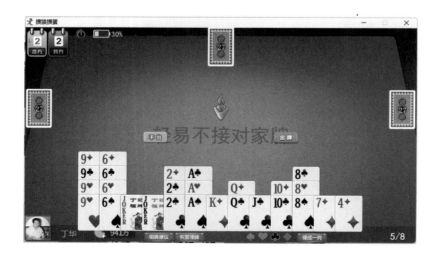

点评：炸弹也有、大牌也有，就是牌太散了，边打边看吧。能顺走几手赘牌，用炸弹上手，出能回收的牌，最后闯关胜或听牌胜也很有可能。

弱牌的例子：

点评：除了1把炸弹，其他牌基本说不上话。这种牌，安心做助手，头游就别想了。

2. 牌形判断法

两头鼓是好牌：大牌多、三带对较大、小牌成炸、中间牌成顺子。

两头尖是差牌：大牌少、小牌成累赘、中间牌若组顺需拆炸。

扫帚形：大头是大牌的是好牌，大头是小牌的是差牌。

垛口形是差牌：牌形如城墙垛口一高一低，怎么配赘牌都多。

3. 科学计点法

炸弹：+4点。

登基牌：+1点，对级牌1点弱，可计为1点。

木板、钢板：+1点（特殊牌型）。

逢人配：+1点（灵活性强，组炸弹的可另计点）。

赘牌：−1点，需要获得出牌权才能出去的牌叫赘牌，如10以下的单牌，6以下的对牌（无3头带）。

坐轿牌：能顺走的牌，不计点。

衡量方法：

➤ 强牌：≥12点。

> ➤ 中牌：6～11点。

> ➤ 弱牌：<6点。

根据这种计算方法，上述例子的点数分别为12点左右、8点左右、4点左右，基本上还是符合感觉的。

掼蛋虽已流行多年，至今尚没有评判牌力的科学方法。

虽然本书的计算方法还有待完善，但无疑提供了一个科学的思路，对于新手来讲确实容易掌握多了。

可见，打好掼蛋，对于提高国人的团队精神和科学素质，有着非常重要的意义。

扯远了，回到正题。

为什么炸弹都只有4点？那大炸弹岂不是很不服气？！请看下一篇。

第20篇　炸弹的主要作用——大炸与小炸，区别没你想象的大

既然叫掼蛋，炸弹在斗牌中的重要地位就可想而知了。

正确地认识炸弹的作用，是掌握配炸、用炸、拆炸技巧的基础。

炸弹的主要作用如下。

1. 扭转牌路

牌路：根据规则，炸弹是热兵器，可以管住其他7种冷兵器，而冷兵器只能同牌型比较大小，这就使得在斗牌过程中，自然形成了牌路的概念。

当对手不断出你没有的牌路，由于你管不住，其手中的牌就越来越少，眼看就要形成闯关之势。这时候要用炸弹及时制止，并把牌路扭转到你强的牌路上来，才能有利于局势的发展。

可以说，大部分的炸弹，在斗牌过程中起到的作用，都是扭转牌路的作用。

出人意料的是，这种时候炸弹的大小对于结果的影响并不大。

为了简化起见，以甲（图中下方）乙（图中右侧）二人对抗为例。

例一：

甲手中的牌，牌力5点，大炸、三带对登基牌。

乙手中的牌，牌力5点，小炸、顺子登基牌。

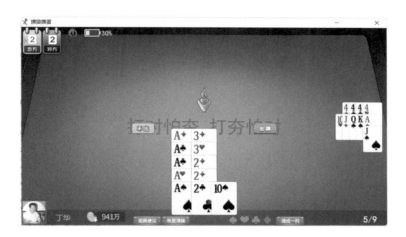

点评：谁先出牌谁胜（小炸方先出顺子登基逼炸即可获胜）。也就是说结果取决于先手，与炸弹大小无关。

例二：

在例一的基础上，为甲增加一张小王，为乙增加一张大王。甲手中的牌力不变，乙手中的牌力增为6点。

点评：即便甲有大炸且先出牌，也难逃失败的命运。也就是说结果和炸弹大小、是否先手都无关，而牌力的点数竟能准确地反映结果。

推演一下过程：

（1）甲先出单牌，乙大王登基逼炸，甲不炸，变为例一中乙先手的情况。

（2）甲先出单牌，乙大王登基逼炸，甲开炸乙盖不住，甲出三带对闯关，乙开炸后反闯关获胜。

（3）甲先出三带对逼炸，乙开炸，甲盖炸。结果甲必出单张，乙大王登基，然后顺子闯关胜。

（4）甲先出三带对逼炸，乙开炸，甲不盖。此时，乙出顺子逼炸，甲开炸则乙大王闯关胜，不炸则乙脱手单J，用大王听牌胜。

（5）其他情况，包括乙先出牌，也是乙方可以获胜，请自行推演。

本例甲方失败的根源在于：单牌的路子必然落入乙方的控制。

通过以上两个例子可以看出，在没有形成闯关之势前出炸，起到的作用主要是扭转牌路，这时候炸弹大小的差别对结果的影响是很小的。有人甚至总结：炸弹无大小，说的就是这种情况。

2. 闯关与阻击闯关

然而，如果已经形成闯关之势，此时出炸结果就不同了。

例三：

在例一的基础上，去掉甲方的三带对，去掉乙方的顺子。

甲牌力4点，已形成闯关之势。乙牌力4点，也已形成闯关之势。

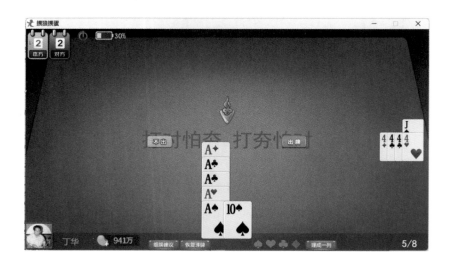

点评：无论谁先出牌，有大炸的甲方都获胜。此时大炸可以一锤定音，价值千金，纵使乙方还有更多的小炸也无济于事。

从防守的角度来看，有大炸的甲方即便没有形成闯关之势，也可以成功阻击乙方闯关，从而保留本队头游的机会。

所以，无论闯关还是阻击闯关，大炸的价值都是巨大的，不能以点力来计算了。

3. 炸弹的护牌作用

将在进阶部分另行说明，在此先略过。

综上，斗牌之初对大炸与小炸都预评为4点，大炸不要不服气，因为这时的区别还显露不出来。

在掌握了炸弹的主要作用之后，我们来了解如何使用炸弹。请看下一篇。

第21篇 出炸技巧之一：炸什么牌

一个炸价值4点，一副牌中平均每人2.1个炸，因此炸弹是稀有的重型武器。

掼蛋最痛苦的事情是：有炸舍不得用，结果最后憋死在手里。

掼蛋最最痛苦的事情是：见大牌就炸，结果后面既无力冲刺，也无力防守。

那究竟如何用好炸弹呢？我们先来了解一下超打的概念。

超打：压牌时，不是用刚好大对方一级的牌，而是用相对较大的牌，称为超打。

超打对牌力的使用是不经济的，坏处就是可能造成对方有牌提前登基。

比如：你手中有大王、A，上家出K你直接用大王压，就是超打。如果敌方有大王，则其小王提前登基。

再比如：对方7777炸，你用8888炸打最为经济，用KKKK炸就有点浪费了。

为了经济地使用炸弹，炸点值大的牌就成为首选。

1. 首打炸弹

炸弹打炸弹最合适了，4点压4点最为经济。

因此，碰到对手的炸弹闭眼打住，很多情况下是正确的。

2. 打双大王

双大王价值2点强，既控制2手单路，也可控制对子，牌力仅次于炸弹。

3. 打级牌三带对

级牌的三带对价值1点强，控制三带对，拆成对子可能登基，后期单级牌也有很大的登基机会。

4. 打其他登基牌

价值1点。

5. 打其他牌

弄不准是否为登基牌，但为了避免敌方跑牌太多，可及时出炸制止。

后两种情况用炸是比较吃亏的，属严重超打，但有时也很有必要。了解炸什么牌合适之后，请看下一篇。

第22篇　出炸技巧之二：炸谁的牌

打上家优先，下家次之，必要时可打对家。

1. 首选打上家

炸后获得出牌权，不用担心上家过牌，因为上家隔太远了。

幻想自己过牌而不打上家，把出炸任务交给队友，是弊大于利的。

2. 次打下家

炸后获得出牌权，要慎重考虑出什么牌。出到下家手上，导致下家跑牌速度加快，自己的炸弹算是白出了。

➢ 忌：炸下家的顺子后出对子。

➢ 忌：炸下家后放小单。

类似的问题比比皆是，老掼手也不能幸免。

因此，在没有明确下家不要的牌路前，还是打上家更为有利。

3. 必要时打对家

有两种情况：

例一：抢头游。

点评：南家先出单7后已可炸弹胜，忍耐许久的东家愉快地跟进小王，北家用大王盖，西家过。此时南家意识到了东家的危险，且自己炸弹不够大，因此果断开炸获得头游，慢一步就被东家捷足先登了。

在后面的例图中，如无特别说明，默认按"上北下南左西右东"的规则代表方位。

例二：纠正对家错误。

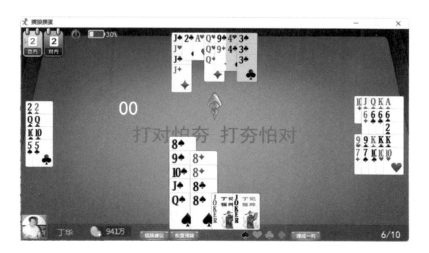

点评：北家先出33344，这种不打强路低速单牌，先打长牌冲刺的做法非常危险。西家过，此时南家考虑到2张单牌已登基，不想给东家过牌的机会，直接8888开炸，结果获得了胜利。如果放东家顺走10101077，转过来其很可能再顺走KKK99，此时南家再开炸则为时已晚，东家多顺了两手牌，仗着大炸已稳操胜券。浪费一炸及时纠正错误，避免敌方连顺两手，总体上还是划算的。

分析了炸上、下、对家的利弊后，还有以下几种情况需要及时开炸。

1. 炸跑牌多者

对方某一家的长牌连发，还顺走了不少牌，要及时将其制止，避免其过快形成冲刺之势。

2. 炸忍耐者

对方某一家忍耐了很久，终于忍无可忍出炸，此时直接盖过，即可让其继续忍耐，甚至彻底失去冲刺机会。

3. 炸敌方主攻

对方主攻牌力较强，放他出牌比较危险。

助攻的牌力较弱，放他多出一手牌也不会影响全局。

到这里，我们对于出炸时机，已经有了一定的把握。进一步了解请看下一篇。

第23篇　出炸技巧之三：出炸的时机

出炸的时机也称"炸点"，最佳时机往往很难把握，太早了浪费，太晚了无济于事。

1. 宜晚不宜早

上家出的牌你盖不住，但对家有可能盖住。即便他盖不住，炸不炸由他决定更合适。比如：上家首发333444钢板，你马上开炸就有点早了。

2. 小炸多，及时用

炸弹虽多但都不大时（数量够但质量不够），要抢先用炸。不然，到后期可能控制不住局势，自己的炸弹被憋死。

3. 用大炸，沉住气

可适度忍让，在最关键时刻再出手。

4. 尾牌较大，可立即出炸闯关

1炸 + 1手较大的尾牌，如果上家出不到你的牌路上，为避免下家过牌可立即出炸闯关。闯关即使失败，也起到了以下作用。

> ➢ 消耗了对方的炸弹。
> ➢ 减少了下家过牌的机会。
> ➢ 进入听牌状态，把牌打明，便于队友送桥。

如果尾牌不够大，则可适度忍让，以免队友误判。

5. 如果获得出牌权，但无理想牌路可不炸

自己各种牌路都没有控制，也不知对家牌路，炸了之后不知出什么好。

6. 出现理想牌路，可开炸

比如，对方2张大王你有2张小王，对方第2张大王出现时可开炸，因为你的单路已成为强路。

如果见第1张大王就炸，再出单牌时控制权还得让出。

7. 没有过牌的可能和必要，可直接开炸

此时忍耐，就会给对方更多机会。直接开打消耗战，即使失败也为对家创造了机会。

8. 对方剩4张牌，一般不炸

对方剩4张牌，如果是炸弹，一般就挡不住了；如果不是，则是多手牌。"枪不打四"就是这个道理。

例外：当下家很弱，对家剩一手牌时，可出大炸后给对家送桥，让对家抢先拿头游。

"枪不打四"的口诀，我们在进阶篇会详细讲解。

9. 对方剩5张牌，一般要炸

可能是1手三带对，也可能是1炸+1单张，如果不炸，对方就跑了。此时宜炸后出对子，即"逢5出对"。

例外：5张也有可能是1手炸弹，这时出炸就被骗了。

有"炸五不炸四"的口诀，我们在进阶篇会详细讲解。

10. 对方剩7或8张牌，酌情考虑

最新规则是10张报牌，在网上打牌还可知道更多的剩牌张数。

7张可能是1个4头炸+1对+1单，即"421"牌型。

8张可能是1个同花炸+1对+1单，即"521"牌型。

有"打七不打八"的口诀，我们在进阶篇会详细讲解。

11. 要炸给炸

对方出登基牌逼炸，如果观察其逼近听牌，可及时开炸。因为此时是最后的机会。反之，要炸不给炸，说明炸弹数量不多。

12. 决定放弃头游可不炸

对方一家牌力过于强大，出的牌个个登基，可保留实力争取打另外一个人末游，不可意气用事，陷入双下漩涡。

当然有时合二人之力也可将其成功阻击，这也是掼蛋难以掌握之处。这就要看打牌的风格了，更多情况下还是以稳健为宜。

如果决定出炸，手上又有多个炸可用，先用哪个好呢？请看下一篇。

第 24 篇　出炸技巧之四：用哪个炸

大炸留着可以闯关，其他炸弹则价值差不多，可以调换使用，其中有一些细微的差别。

1. 想诱炸，用小炸

牌路没有明显的弱点时，可用小的先炸，期待对方出大炸盖住。因为对方的炸弹留在手上，后期就难以控制。牌力非常强时，还利于把对方的炸弹引出来消灭，为对家减轻负担。

2. 强力扭转牌路，用中炸

牌路有明显的弱点时，可用稍大的炸。这样更容易上手，先发你的强路，逼对方出炸超打。

如果先用小的，被敌方盖住，想扭转牌路，还得再出炸，这样牌力损失较大。

3. 先用不灵活的炸

2222是最大的4头炸，33333是最小的5头炸，如果同时有，应先出33333。

因为2222可拆成2个对子或三带对登基牌，灵活性更高。

4. 后用含逢人配的炸

也是出于保持牌路灵活性的考虑。

炸弹会出了，但这个世界还有"弱势群体"。请看下一篇。

第25篇　坐轿牌与赘牌

一手牌从强到弱依次是炸弹、登基牌、坐轿牌、赘牌。前两种已有深入的了解，下面来看看后两种。

1. 坐轿牌

坐轿牌就是别人出牌时，自己可能顺走的牌。如6以上的对子、10以上的单牌。

一种牌路的坐轿牌超过2手，就不见得都能顺走。如，J、K、A，3个单张能顺走2个就不错了。

2. 赘牌

不大可能顺走的牌称为赘牌，完全是累赘、负担。如无3头带的6以下的对子、10以下的单牌。

赘牌只有在获得出牌权时才能出去，之后很可能会丧失出牌权，再获取则需要耗费牌力。

要想获得头游，除了闯关胜可剩一手赘牌外，其他的赘牌不先处理掉是不可能的。

当你处理赘牌时，下家正好趁机顺走坐轿牌甚至赘牌。

小的长牌可以算赘牌也可以不算，因为如果只有一手小长牌，适时出很可能成为登基牌。

相关技巧

举例：

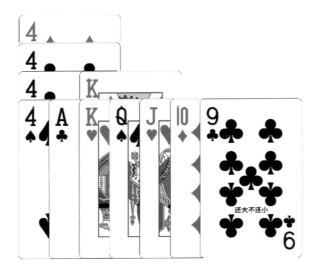

如果是封盖对方的杂顺，可考虑用AKQJ10登基封死，余一张坐轿牌K、一张赘牌9。

如果是接桥，则用KQJ109比较好，余两张坐轿牌A、K，没有赘牌。

赘牌不是绝对的

下家没有单张时，你反打小单张就不算是赘牌。如果对家听单张，你送听的小单张更像是精准的子弹。

所以出赘牌的时机很重要。

此外，如果牌力使用不当，炸弹和登基牌也可能变成累赘，被对方大炸闷在手里丢失头游。这种情况下，就要及时认真总结。

够嘴

够嘴是"够赢"的通俗说法，就是手数具备了头游的条件，可以着手发动攻势了。

理想情况下，炸弹数+登基牌数-坐轿牌数-赘牌数，结果≥0就是够嘴。如果是先手，结果最小可以为-1。

拿到出牌权如何出赘牌呢？有一个重要的技巧。请看下一篇。

第26篇　尾牌原理——富有张力的打牌技巧

尾牌：头游闯关成功后，最后出的一手牌。

尾牌原理：尾牌无论是登基牌、大牌还是赘牌，对整体胜负已没有决定性的影响，影响的只是留风。而留风的软硬是锦上添花的事情，有把握拿头游时可以考虑，在斗牌之初考虑就显得太早了。

由此，有一种更细腻的处理小牌的方式，即斗牌之初就有意把最小的牌留作尾牌，而选择稍大的先出，以卡住下家更小的牌。

假设你手中有两个小单张3和6，碰到牌风硬朗的上家时，都没有顺走的机会。

如果先出3的话，下家有4、5、6的小单则可轻松顺走。先出6，则下家的4、5、6将被卡住。

下家要想出被卡住的小牌，必须赢得出牌权才可以，无形中耗费了牌力，有时候甚至元气大伤，失去冲刺的机会。

很多时候就那么巧，多让下家顺走一手牌，下家仗着炸弹大，一旦发起冲刺，便如猛虎下山，势不可挡。多卡住对方的一手牌，自己就多一份主动权。所以别小看尾牌原理，关键时刻能影响整副牌的胜负，这样的战例可谓是屡见不鲜。

新手常犯的错误就是一直按从小到大的顺序打牌，牌打输了也不知其所以然。

在斗牌过程中，预留的尾牌可以根据情况不断调整。开始预留3作尾牌，如果下家已明显不吃单牌且很可能有对子，这时候就要先打3，把自己的对子留作尾牌。目的只有一个：减少让下家顺走关键一手小牌的机会。

总之，利用尾牌原理是一种攻中带守的打法。尾牌原理的提出，给牌力带来的张力是明显的，至少价值2点，可以看成是增加了半个炸弹的牌力。

还有一些例外情况，利弊需要自己把握。

（1）有较大的单牌想顺，可先出小牌以预留空间。如有3、7、K，可考虑先出3，如果先出7，转过来很可能顶住了K。

（2）你手上是3、9，而上家是新手或牌风偏软，可考虑先出3，接下来上家先发牌时你顺走9的机会很大。

（3）后期想听牌胜时，就要先放掉小牌改留较大的牌，便于对家送桥。

尾牌原理不仅用于斗牌之初，在残局中也有广泛的运用。请看下一篇。

第27篇　尾牌原理在残局中的应用

尾牌原理的主要作用：在自己小牌顺走概率差不多的情况下，尽量减少让下家顺走关键一手小牌的机会。

尾牌原理在残局的运用也很常见，试举几例。

1. 单张尾牌

点评：西家先出9，南家出2留Q作为尾牌即可获胜。如果南家先出Q，则东家获胜。

2. 对子尾牌

点评：南家先出对6，留对3作为尾牌即可获胜。如果先出对3，则东家顺走对6获胜。

3. 三带对尾牌

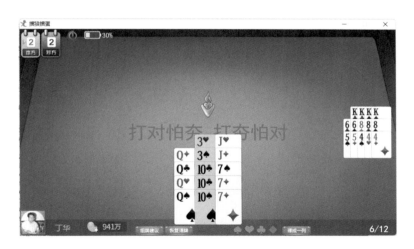

点评：南家先出大的三带对，留小的三带对作为尾牌即可获胜。如果先出小的三张7带对J，则东家顺走三张8带对6获胜。

可以看出，残局阶段当你的炸弹偏小时，更应该注意运用尾牌原理。

掌握了尾牌原理，赘牌就算是会出了，但离入门还差最后一步。请看下一篇。

第 28 篇
你不是一个人在战斗——你是主攻还是助攻

掼蛋是团队对抗游戏，想拿头游的人必然会遭到对方的强烈阻击，因此，对家的配合与帮助必不可少。

从牌力上分析，假设你牌力12点对家8点，对方分别为14点和6点，双方整体牌力相当。

如果对家和你配合默契，牌力叠加为20点，很有可能以弱胜强，先于14点对方拿到头游。反之，则双拳难敌四手，机会渺茫。

对家之间如何配合，才能形成牌力叠加的效果呢？确定主攻与助攻，然后各司其职，无疑是最佳方法。

1. 主攻与助攻的职责

主攻以我为主，争取胜利。其主要的职责如下。

➤ 处理弱路。

➤ 优化手数。

➤ 保留实力。

➤ 伺机获胜。

助攻甘当幕后，力助对家。其主要的职责如下。

➤ 打上家。

➤ 卡下家。

➤ 送对家。

斗牌之初，迅速决定各自的角色，是配合默契的前提。

2. 谁是主攻谁是助攻

强牌主攻，弱牌助攻。这个很好理解。

牌力相当，牌技高的当助攻。因为如何把自己的牌力叠加到主攻上，是件很有难度的事情。

当主攻遭到对方阻击，牌力损失过大，后期无法冲刺获胜时，助攻就要接过主攻的重任。

主攻和助攻的职责不同，技巧上就存在着很大的差异。"牌好掼蛋、牌差捣蛋”就是这个道理。

新手的思维就是总想当主攻拿头游，不会当助攻打配合，心中没有对家，因而频频出错。

新手常犯的几大错误有：

从小打到大，

见谁都想炸。

不是胆子大，

就是很害怕。

把把想头游，

心中无对家。

有意识地避免犯以上几个错误，新手就算是入门了。

入门的部分内容取材于拙作《掼蛋技巧秘籍》一书，更多掼蛋基础技巧可阅读此书。

学习更详细的掼蛋规则，请阅读2023年出版的《竞技掼蛋规则（试行）》一书。

接下来，即将开始第二部分：掼蛋进阶。我们先从残局开始，请看下一篇。

第二部分
掼蛋进阶

第 29 篇　什么是掼蛋残局

明朝象棋名手朱晋桢，在其所著《橘中秘》中讲："棋有残局，补全盘之未备也。全盘子多而难明，残局子少而易悟，尤可取法。况得其一诀，便可触类引申……"

"子少而易悟"，可见学习残局对于新手的重要性。掼蛋也是相同的道理，掌握常见的残局技巧，可帮助新手触类旁通，快速提高掼蛋水平。

那什么是掼蛋残局呢？"子少"是神韵，尝试定义如下。

张数不超过10或手数不超过5的局面，称为掼蛋残局。

曾经有专家对此有不同的见解：既然叫"残"局，必须至少有一家走完牌了，不然怎么叫"残"局呢？好像也有一定的道理，但他过于重视"残"的字面意思了，忽略了残局的神韵。

还有专家说，你这残局都是摆出来的，并非实战。且不说是否取材于实战，残局存在的意义，更在于让我们去领悟其中的道理，"况得其一诀，便可触类引申"。

我们就不纠结这些了：只要所有人手牌≤10张或者手数≤5手，就可以说是进入了残局。

进入残局阶段，人们总结出很多技巧谚语/口诀，在圈内广为流传。接下来，我们就逐一进行了解。请看下一篇。

第 30 篇　残局口诀 1：枪不打四

有一部掼蛋题材的电影叫《枪不打四》，可见这句口诀的代表性。

那什么是"枪不打四"呢？就是如果对方出牌登基，还剩下四张牌，那我们要用炸弹（枪）打停他吗？如下图。

东家出三张K带对7逼火,还剩下四张牌。南家此时要不要开枪呢?如果南家用四张K开炸,还剩下两手牌,接出三张9带对7,但是东家剩下的可能是一手炸弹。

东家获得头游,西家接风打小王闯关,获得二游。南北方被打双下。

回到前面,如果南家按照"枪不打四"的口诀放过不要,让东家继续出牌,东家只有空放四张10的炸弹,此时南家再上四张K打住。

南家接出三张9带对7，最后用小王给北家留风，就能打西家下游。

但如果东家剩下的四张不是炸弹，那会不会错失机会呢？来看这个局面：

东家还是先出三张K带对7逼火，南家"枪不打四"放过不要。东家如果不是炸弹，就肯定一手走不了，因为掼蛋中就没有四张的普通牌型。

等东家接出对8时，南家再开炸，即可轻松拿到头游。

通过以上的例子我们可以看出：第一，如果对方是炸弹，"枪不打四"就减少了损失；第二，如果对方不是炸弹，"枪不打四"也不会错失机会。这就是"枪不打四"口诀的由来。

当然，"枪不打四"也有例外的情况。我们来看这个例子：

东家还是先出三张K带对7逼火，南家仍然"枪不打四"，但东家接出对8，就送西家头游了。此时南家再上四张K，也只能获得一个二游。

但南家如果不用口诀，直接上四张K开炸，再用三张9带对7闯关，反而可以拿到头游。

那究竟该不该使用"枪不打四"的口诀呢？这就需要对局面做出更细致的分析和判断。

1. 下家会不会一手把他对家送走了呢？

2. 下家再出一手，局面会不会恶化呢？

3. 自己的牌有没有闯关获胜的机会？

上述第一种情况我们已经掌握了，来看第二种情况。

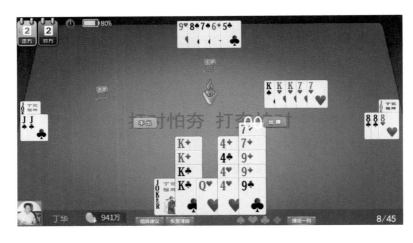

东家还是先出三张K带对7逼火，此时东家剩下的四张既不是炸弹，也一手送不走西家，但如果南家"枪不打四"放过不要，局面就会迅速恶化。

东家接出三张8，由于南家有两个单张，都比东家剩下的大王小。南家虽然还有两个炸弹，最后也不得不送东家头游。

如果南家意识到危险，及时用四张4开炸，然后处理好单路的弱点，就有可能打东西方双下。

最后我们再来看第三种情况，相对比较简单。

南家的牌已具闯关之势，算定四张K全场最大，此时当然要开枪，抢先一步摘得头游。

当然，如果把四张K换成四张3，那还是老老实实地"枪不打四"吧。

由于口诀存在很多例外情况，人们对口诀就有了不同的看法。请看下一篇。

第31篇　谁是谁非：有关口诀的争论

除了残局"枪不打四"的口诀，掼蛋还有多达50条以上的口诀。这些口诀是广大掼蛋爱好者总结的一般规律性的通俗语句，具有易于学习、易于记忆和易于传播的优点。

但所有口诀都有其适用的条件，有些口诀的适用条件甚至还非常苛刻。如果盲目地运用口诀，忽视其适用条件和例外情况，反而有可能出现失误。

为此，有一种观点认为，按口诀打掼蛋是极其错误的。理由倒不是否定口诀存在的意义，而是认为口诀会让人养成"不假思考"的坏习惯，而这种坏习惯很难被纠正，从而影响掼蛋水平的进一步提高。

这种观点就有些偏激了。不假思考是人类的本能，是大脑的自我保护机制。把板子打到口诀"身"上，口诀就太冤了。就算是顶尖高手，也有无暇细算，打出"随手牌""眼光牌"的时候。

相对中肯的观点是，口诀是为新手快速提高准备的，只有跳出口诀的窠臼，才能蜕变成为掼蛋高手。但在实战中，我们也能经常看到，有些自诩的高手就是不按口诀打，下家明明剩下四张，偏偏"枪要打四"，结果犯了低级错误，这就走向了另外一个极端。

笔者以为，学习口诀有以下几个要点。

第一，了解口诀的适用条件。

第二，知其然，更知其所以然。

第三，还要尽可能多地知道例外的情况。

正所谓"尽信书，则不如无书"，尽信口诀，则不如没有口诀。而口诀也绝非只是为新手快速提高准备的，口诀还有更多存在的意义。

第一，人的天赋不同，计算和逻辑推理的能力不同，不能要求所有人都成为"计算流"。要允许"口诀流""局面流"的存在，而且大多数情况下，他们打得还是不错的。更何况，每一种"流派"都有其固有的缺陷。

第二，大脑在疲惫的时候，需要放松的时候，或者是局面复杂算不清的时候，当然可以应用口诀，以尽可能地少犯低级错误。和天气预报类似，有超级计算机的算力时，你可以计算天气；算力不足时，看云识天气也是不错的选择，至少不会乌云密布时你还不准备雨伞。

第三，口诀是批评的挡箭牌。当出现失误挨对家批评时，如果你是按口诀打的，可以抛出口诀抵挡一阵。但如果你是瞎打的，那就老老实实地接受批评吧。当然，如果按口诀打失误了，无论我们想不想抵挡，都要抓住这个总结例外情况的好机会。

有了对口诀的正确认识，接下来我们继续学习残局口诀，请看下一篇。

第 32 篇　残局口诀 2：逢五出对

当对方剩下五张牌，轮到我们先出，该怎么出牌呢？

五张牌最常见的有三种情况：三带对、顺子、四带一（也称枪挂一）。

我们先来看第一种情况。

东家剩下的是一个大的三带对，南家虽然有炸弹，但不敢出三张4带对3。

可按"逢五出对"的口诀，先打对3，东家如果上对8，南家用四张Q开炸，此时再打三带对，即可轻松击败东家。

如果东家不要对3，南家接打三张4，仍然可以轻松击败东家。

接下来，再看第二种情况。

东家剩下一个大的顺子，这个简单，因为再大的顺子也怕对子。南家先出对3，再出三张4，同样可以轻松击败东家。

比较复杂一点的是第三种情况。

现在东家剩下的是枪挂一，由于他的四张10小于南家的四张Q，南家逢五出对，东家同样无计可施。

如果东家的炸弹比南家的大呢，那南家无论怎么出都难以获胜。所以，出对子仍然是正确的选择。

由于逢人配的存在，四带一也可能是这种情况：

东家既可以是四张10带单A，也可以是三张10带对A。

不过无论哪种情况，南家仗着自己的炸弹比较大，按"逢五出对"的口诀仍然可以击败东家。这就是"逢五出对"的厉害之处，它可以应对比较多的局面。

其实，前面讲的几种局面，先出三不带也是可以的。不过下面这个局面，就必须要先出对子了。

南家此时没有炸弹，如果先出三张4，东家用三张A打住即可获胜。

但南家可以先出对3，东家拆出对A之后，单双都不大，南家就获胜了。

如果东家不要南家的对3，南家接出对6，东家拆对A仍然单双不大。不拆对A的话，南家接出单7，然后用大王回手，还是可以战胜东家。

"逢五出对"的口诀，除了可以有效应对很多局面，还可以保证我们不犯低级的错误。

1. 出三带对，一手送走对方。除非你判断对方不是三带对，或是打不过你的三带对。

2. 出杂顺，一手送走对方。除非你判断对方不是杂顺，或是打不过你的杂顺。

3. 出单张，把对方打成净枪。除非你判断对方不是枪挂一，或是他的单张打不过你的单张。

当计算推理能力有限，或是局面复杂不清的时候，"逢五出对"就是首选策略。

同样地，"逢五出对"也有很多例外情况。

1. 自己无炸，不用害怕打单张。

2. 对方手里有一张王，不可能是三带对和顺子。

3. 自己无炸，对方是大对子小三同。

4. 自己无炸，对方是"221"。

我们先来看第一种例外情况。

由于南家无炸、大王仅存，此时可以放心出单3回大王。如果东家有炸，怎么打都没有用；如果东家没炸，出对子反倒有可能自投罗网。

这个例子告诉我们，当自己无炸时，可以考虑按最坏的情况打，"向死而生"，反倒可能是正确的方向。这种策略，在残局中很常用，可以称之为"向死而生"策略吧。

这是一对一的情况，但如果对家还在，而且手里还有大炸弹呢？那又另当别论了。如果你出小单张，把下家打成净枪，那就等着挨批评吧。

所以，例外之中还有例外，需要我们有更精准的判断力。

再来看第二种例外情况。

下家有孤张大王没出，那剩下的五张，就不可能是一手牌。放心先出杂顺再出夯，最后脱手对子，即可获得胜利。

如果还教条地"逢五出对"，就成了"天堂有路你不走，地狱无门自来投"！

到了残局阶段，把对方的孤大王和孤小王排除在外，再判断剩下的牌有可能是什么牌型组合，也是一种很常见的策略。

再来看第三种例外情况。

东家是大对子小三同，南家此时出对子就输了，其他打法反倒可以赢得胜利。究竟东家是三张A带对3，还是三张3带对A，这就需要精准的记牌和判断了。

其他例外情况，道理差不多，我们就不举例说明了。

总之，"逢五出对"意在让我们领悟掼蛋的控牌意识。有了这种控牌意识，出光三、高单、木板和钢板又有何不可呢？但忌打三带对、顺子和小单，除非你算清楚了，对方属于例外的情况。

掌握了五张的情况，六张的控牌就可以触类旁通了。请看下一篇。

第 33 篇　残局口诀 3：逢六出三

和五张的控牌类似，六张也是通过牌型来控制对方。

对方剩下六张，最常见的有5种情况。

1. 四张的炸弹带对，也称"42"牌型。

2. 五张的炸弹带一，也称"51"牌型。

3. 四张的炸弹带两个单张，也称"411"牌型。

4.木板或钢板，更可能是木板。

5.顺子带一或夯带一。

因此，除非你算准了他打不过你，否则忌出以下牌型。

第一，忌出木板或钢板，防止一手把对方给送走了。实战中，一手小木板"精准"传牌给对方，并不罕见。

第二，忌出单张或对子，防止把对方打成净枪或冲牌。

第三，忌出顺子和夯，防止被对方接走后听牌，还先逼自己一枪。

这样，就只剩下光三牌型最安全了。即便被对方接走，往往剩下的也不是一手牌，而且他肯定没有炸弹了，接下来就比较容易控制。

这就是"逢六出三"的由来。

要注意的是，"逢六出三"只是最安全的打法，和正确打法可能相去甚远。仅在你十分茫然、不得已时再使用，可保证不会犯太大的错误。

由于道理比较简单，我们就不举例说明了。接下来继续学习牌型控制技巧，请看下一篇。

第34篇　残局口诀4：七张八张，出顺打夯

对方剩下七张或八张牌，如果他还有炸弹的话，那就不可能有顺子和夯了，所以出顺子或出夯，就成了控牌的首选。

我们先来看八张的局面：

东家还剩下八张牌，是典型的"521"牌型，只要再进一手小王或对8，就可以用顶天同花发起冲刺（冲牌）。

南家的牌可以组45678的顺子，以及三张3带对8。当然也可以变成组34567的顺子，以及三张8带对3。

南家先出45678的顺子，东家被控非常难受，只能放过。南家再出夺继续控制，还剩下五张牌，已是必胜之势。

但如果南家贸然先打单9，东家跟进小王，即可轻松获胜。

因此，对方剩八张牌时，忌打对子和单张，除非你算准了他打不过你。

再来看七张的局面：

东家还剩下七张牌，情况和八张差不多。南家运用口诀，同样可以轻松获胜。

如果对方有顺子或有夺可以接住你的牌呢？那他肯定就没有炸弹了。我们来看这个局面：

南家先出三张3带对8，但被东家的三张K带对8打住。南家仗着还有炸弹，用四张10开炸，再打一手顺子，即可轻松战胜东家。

可以看出来，无论七张还是八张，出顺打夯的适用性还是很强的。

接下来，我们看看例外的情况。

刚才我们讲，忌打对子或单张，那在什么情况下可以打对子或单张呢？答案是你确定自己的炸弹更大的情况下。

我们来看这个局面：

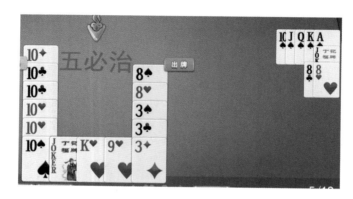

南家先打单K，想用大王回手，被东家跟进小王。接下来东家用同花发起冲刺，但南家还有六张10的巨炸，同样可以把东家留下。

如果不能确定自己的炸弹更大，特别是对方还剩下八张牌，其中的炸弹很可能是同花的时候，还是老老实实出顺打夯为好。

因此有人总结：手握巨炸时可用短兵刃，只有小炸时要用长兵刃。

我们再来看一种例外情况：

东家剩下七张，南家按口诀出夯，东家用夯打住，接下来：

1. 如果北家放过不要，南家必然开炸叫停，但西家破釜沉舟用五张J开炸，然后拆9炸弹传牌，南家无险可守，东家顺利拿到头游；

2. 如果北家抢先上炸，然后接出8910JQ的顺子，西家用910JQK的顺子正好打住，南家上四张10开炸，西家用四张J盖炸，然后拆出对9，仍然可以送东家头游。

可以看出来，此时出夯，由于先逼自家的火，结果怎么打都不行。

但如果南家判断东家不吃单，且大王在北家手里，就会先出单9传控结合。东家拆上小王，北家用大王打住，北家上手后接打8910JQ的顺子，西家用910JQK打压，南家上四张10开炸闯关，西家用四张J叫停，但已无力再阻挡北家的小炸闯关，北家可拿到头游。

理解"传控结合"，先要知道领出牌的目的。目的通常有三种类型。

1. 打：自己进攻。

2. 传：自己不想进攻，将机会传给对家。

3. 控：控制下家，让他难受。

新手领出牌，往往没有明确的目的，但高手领出牌，至少有一种目的，有时甚至有2～3种目的。"传控结合"就是既传牌又控牌；"连打带传"就是看似传牌，其实自己也在进攻，这种进攻更具隐蔽性。

所谓的"妙手"，就是一手牌有多种用途。"七张八张，出顺打夯"，是控牌的技巧，最多算是"本手"，离"妙手"还有一定的距离。如果有"妙手"，当然不用拘泥于"本手"。

七张八张的控牌就到这儿，接下来继续学习控牌技巧，请看下一篇。

第 35 篇　残局口诀 5：逢九出单

当对方剩下九张牌，最常见的有两种情况：第一种是一枪一夯；第二种是一枪一顺。

我们先来看第一种情况。

东家剩下四张6的炸弹，外加三张A带对8。此时南家如果出三张4带对3，被东家跟进三张A带对8，东家炸弹沉底，南家可就追不上了。

如果南家仗着有大炸弹，而且有小王掩护，按逢九出单的口诀打出单10，东家就非常难办。

➤ 如果拆出单A打住，就变成了八张牌。南家上小王登基，然后再按"七张八张，出顺打夯"的口诀，打出三张4带对3，时机把握得刚刚好，东家继续被控，只能接受下游的结果。

➤ 如果东家不拆A，南家可拆出单6，继续"逢九出单"控制东家。东家还不拆，南家就继续出单6，然后用小王回手。东家用四张6拼死一搏，但南家还有四张Q，胜利仍然是南家的。

我们再来看第二种情况。

东家剩下四张6的炸弹，外加一手顶天的顺子。此时南家不能出34567的顺子，以防止东家的炸弹沉底。

南家按口诀"逢九出单"打出单10，东家很难办。

➤ 如果东家拆顺子出单J，就又变成了八张，南家小王上手。还是按"七张八张，出顺打夯"的口诀，接出34567的顺子，即可轻松击败东家。

➤ 如果东家不拆顺子，南家仍然"逢九出单"，拆出单6，同样东家还是下游的命运。

通过以上两个例子，我们可以看出，对方剩下九张时，忌出五张的长牌，以防对方的炸弹沉底，除非你算准了他的长牌打不过你。

"逢九出单"仍然是牌型控制的技巧：先将对方打成八张，再运用"七张八张，出顺打夯"，继续控制对方，最后轻松获得胜利。

既然"七张八张，出顺打夯"，那九张打一对，把对方打成七张，是不是也可以继续控制呢?

我们来看这个局面：

南家仗着有对小王，先打对6。但这次东家的九张是"522"牌型，东家跟进一对之后，用五张6发起冲刺，南家可就拦不住了。

由于"522"也很常见，所以这种情况出对子并不稳妥。南家仍然可以"逢九出单"，东家如果拆出单A，就又变成了八张。南家上小王登基，然后"七张八张，出顺打夯"，打出三张4带对3。但接下来要特别注意，一定先出小王逼炸（另一种控牌技巧），不能先打对6。因为，东家剩下的八张是典型的"521"牌型，不可马虎大意。这样东家仍然被控，南家最终获得胜利。

因此"逢九出单"，是最稳妥的打法。

"逢九出单"有什么例外的情况呢?

我们来看这个局面:

东家剩下的是"441"牌型。

南家打出单10,被东家跟进单A,东家两炸沉底,南家就没有办法了。

但这种情况下,南家无论怎么出都没有用。东家是两火一轮,可以简单粗暴,直接用炸弹开道就获胜了。所以,此时"逢九出单"即使失败,也算不上有什么损失。

况且"441"的牌型,在高手对垒时并不多见。因为这样的两个小炸追尾,到残局时很容易浪费掉一个,或者直接被大炸闷在手里。高手一般早早就会炸出去一个,最后不太容易留下"441"的牌型。

还有一种例外情况,对方是"621"牌型。

南家如果出单10，被东家过掉单A。东家六张6就可以冲刺获胜了。

东家这种牌很难控制，由于并不太常见，所以并不需要多虑。除非你算准了他有六张6。

掌握了"逢九出单"，"逢十出对"就好理解了。我们继续学习牌型控制技巧，请看下一篇。

第 36 篇　残局口诀 6：逢十出对

把炸弹从四张换成五张，对方剩下十张比较常见的是，一手五张的炸弹，外加一顺或一夯。

我们来看这个局面：

东家剩下五张6，外加三张A带对8。

而南家手里有两个炸弹，其中一个还比东家的炸弹大，这样"逢十出对"就相当于"逢五出对"了。

南家先打对3，东家如果接手，就变成了八张。南家果断用四张Q开炸，然后"七张八张，出顺打夯"，即可轻松击败东家。

但是，如果南家只有一个炸弹呢？

我们来看这个局面：

南家只有一手五张Q的炸弹，按"逢十出对"打出对3，东家跟进对8。南家有对小王控制，非常关键。不然东家拆出对A获得控制权就麻烦了。可以说南家此时的对小王，就相当于一手炸弹。

接下来，南家"七张八张，出顺打夯"，东家仍然没有办法。

可见此时"逢十出对"，在对子上要有控制权，这样对方拆夯变对，也不用害怕。

如果对方变不出对子来，那情况就更简单了。我们来看这个局面：

东家剩下五张6，外加10JQKA的顶天顺子。东家变不出对子来，南家"逢十出对"，即便对3无法回手，也没有什么问题。

不过，因为有大枪和小王，有时更稳妥的打法是打单10。来看这个局面：

东家的10张是"451"牌型。南家出单10，对手如果接手，就变成了九张。九张最危险的是"45"牌型。但东家的炸弹肯定打不过五张Q，这样问题就不大。

所以说"逢十出单"，先把对方打成九张，在有些情况下也是可以考虑的。

只不过打单张，比较怕这种"451"牌型。

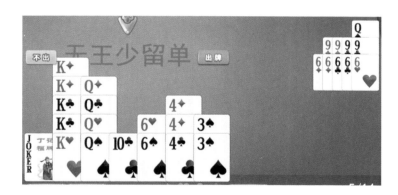

所以，整体上看，还是"逢十出对"比较稳妥。

出对子比较稳妥，出单张可以考虑。但忌出夯、杂顺、木板和钢板，以防对方的炸弹沉底，除非你算准了他的长牌打不过你，或者你有更大的炸弹可以冲刺。由于道理比较简单，我们就不举例说明了。

最后我们来看看例外情况。和"逢九出单"的例外相对应，"逢十出对"怕的是"442"和"622"牌型。

相同的道理，这两种情况并不常见，不用太多考虑。

还有一种例外倒很常见，对方的五张炸弹是同花。来看这个局面：

此时南家怎么打都没用，对方用同花直接冲刺就赢了。由于这种情况的存在，就有了另一个控牌口诀。请看下一篇。

第 37 篇　残局口诀 7：进九不进十

什么是"进九不进十"呢？就是宁愿把对方打成九张，也不愿把对方打成十张。

对方九张两手牌，有火也是小火，可控性比较强；但十张两手牌，有火可能是同花的大火，很难被控制。来看这个局面：

东家打夯回夯，四头火开炸，又跟走两单，还剩下十一张牌。此时该南家领出牌，按"进九不进十"的口诀，可以先打对6让对方"进九"，但忌打单8让对方"进十"。

打对6，如果东家过一手对子"进九"，"45"牌型是小火，不足为惧，如下图。

如果九张当中有五张的大火呢，那剩下的四张大概率是多手牌，他仍然欠手数，如下图。

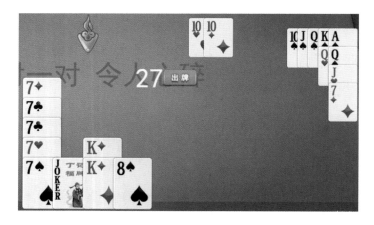

但是，如果打单，被下家进一张成十张，那就危险了，如下图。

南家打单8想回小王，东家过单10后"进十"，仗着有五张的顶天同花，随时发起冲刺，南家可就拦不住了。

这就是"进九不进十"口诀的实战意义。但运用这个口诀有个前提，那就是要具备记牌张数量的能力。如果等别人报牌，你才知道他还剩下几张，那这个口诀就没啥用处了。

一旦具备了记牌张数量的能力，牌型控制的技巧还可以扩展。比如，"逢十五出对""十二三张，出顺打夯"。

不具备记牌张的能力，只是因为对方还没报牌，就随意打长牌，直接把对方打成大枪冲刺的例子，在实战中比比皆是。

最后，这个口诀有什么例外情况呢？来看下图。

如果有六张7的重枪，那"进十"不可怕，反而是"进九"有危险了。当然这种情况，很难碰得上。

截至目前，根据对方剩余牌张数量，进行牌型控制的技巧，就全部结束了。

之前我们学过"枪不打四"的口诀，这个口诀其实属于出炸控牌技巧。接下来，我们继续学习这方面的技巧。请看下一篇。

第 38 篇 残局口诀 8：打九不打十

对方打出一手牌坐大，同时报牌九张，我们该如何应对呢？来看这个局面：

下家对K大了，还有九张牌，很可能是"45"牌型。对家不打，很可能是炸弹较大，不舍得打。如果自己也不舍得打，下家再出一手，可就打成净枪了。所以，此时可炸出四张8，保留继续纠缠的机会。

南家作为守门员，炸出四张8比较容易决断，但怕的是下图的情况。

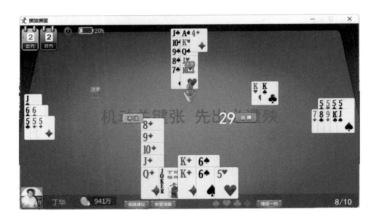

南家要用8910JQ的同花去炸对K，确实有点舍不得，而且还会这样想：对家不炸，可能是没有炸弹了，那我炸了也是白炸，不如保留实力抓上家。两人都不舍得上同花，头游就被下家偷走了。

这就是"打九"的道理所在。但如果下家剩下的是十张牌呢？来看这个局面：

十张可能是大炸加一手牌，那四张8就不要凑热闹了。因为炸了真可能白炸，根本挡不住下家头游的步伐，而且还可能被打双下。

可以把"打九不打十"的口诀，看作是"进九不进十"口诀的后续。既然有把握"进九"，就要有把握"打九"。

话是这样说，但这个口诀的例外情况非常多。因为，究竟该不该打，很多时候要看四家牌的情况。

比如，上家只剩下一手牌，那十张也是要打的。来看这个局面：

如果不打，下家接出55544，用大炸留风，南北方就被打双下了。此时就要跳出"打九不打十"的框框，直接四张8开炸，只要西家接不了风，西家就是末游了。

有一种理论叫"废炸理论"，意思是：用在头游身上的炸弹，都是白用的。但刚才这个局面就是个例外，虽然阻挡不住头游者的步伐，但可以阻挡他大炸留风，用处非常大，一点也不"废"。

由此可见，出炸控牌的技巧，难度就大多了。就算是高手，也很难做到每一手炸弹都用得恰如其分。

接下来，继续学习出炸控牌技巧。请看下一篇。

第39篇　残局口诀9：打七不打八

和"打九不打十"类似，"打七不打八"也是一个很有争议的口诀，我们先来看其合理的地方。

七张很可能是"511"牌型，新手特别容易打成这样的局面，如下图。

下家出三张K，也是唯一的争胜机会。

南家还欠一手，但如果不"打七"，放下家继续出牌，下家"偷鸡"成功，南家可就输了。

此时几乎可以肯定，下家是"511"牌型。南家运用"打七"的口诀，闭眼用四张4开炸，然后打出JJJ88，抱单A大牌即可坐收胜利果实。

七张还可能是"421"牌型，如下图。

面对下家的QQQ55，南家仍然要"小炸先开"，用四张4打住。慢一步，下家就跑掉了。

之后接出单A逼火，留J夯严密防守，即可获得胜利。

下面接着看"不打八"的合理性，因为八张有可能是"44"牌型，如下图。

此时如果"打八"，用四张4开炸，就沦为了下家的炮灰。上家接风打对K闯关，南北方就被打双下了。

如果按"不打八"的口诀，放下家继续出牌。下家两枪空放，上家又不是一手牌，上家就是下游了。

不过，这种两个小枪追尾的现象，在高手那儿并不多见。但是，下面这个情况还是很常见的。

下家仍然是"44"牌型，但其中有一张是逢人配。此时仍然要"不打八"，但这不是重点。重点是接下来，下家不可能两枪空放，而是打出三张J，剩下五张。这种"八出三"的局面，在实战中很常见。南家如果忍不住开炸，就又被打双下了。

换一个角度思考，如果对家剩下八张呢？来看这个局面：

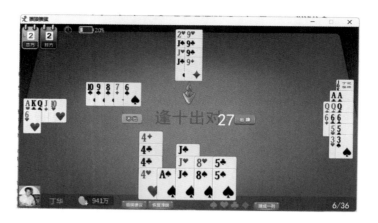

面对上家的顺子，南家此时不要火急火燎地开炸，然后打对子传牌给对家。只要形势不是很紧急，可先看看对家是不是"44"牌型。

这样，南家保留一枪，后面拿个三游应该问题不大。但如果提前开掉这唯一的一枪，后面很可能就是末游了。

那怎么判断对方或对家的八张，是不是"44"牌型呢？这就要看他之前出过什么牌。如果牌很强势，又没出过炸弹，那剩下的八张是"44"的可能性就比较大了。

"打七不打八"有什么例外情况呢？被诟病最多的是下面这种。

八张很可能是"521"牌型，南家此时如果"不打八"，那就没机会了。但如果"打八"，然后出A逼枪，仍然可以获得胜利。

由于五张的同花在掼蛋中很常见，所以"打七"和"不打八"显然存在着矛盾。

"打七不打八"这句口诀，实际上源自四人斗地主的技巧。在四人斗地主中，五张的炸弹并不多见，这句口诀还是比较适用的。

当然，如果你有更大的炸弹，不论对方有七张还是八张，都可以"放近了"再打，用你的"手榴弹"招呼。

七张前面是六张，请看下一篇。

第 40 篇　残局口诀 10：六必治

对方的牌正在坐大，但这次剩下的是六张牌。所谓"六必治"，就是必须要打住的意思。我们来看这个局面：

下家现在大王坐大，还剩下六张。此时南家必须上炸，不然下家一手木板就跑掉了。

南家开炸后，仗着还有炸弹，先出45678的顺子。如果下家能接住顺子，那就只剩下单张了。但不管他接住接不住，南家都可以轻松获胜。

剩下的六张牌还可能是一手钢板，道理和木板差不多，我们就不举例说明了。

六张除了一手牌，还有两手牌的情况。比如一炸加一手牌，来看这个局面。

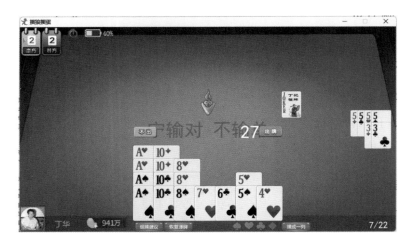

下家剩下的是四张5和一对3，此时南家仍然必须上炸，不然下家脱手一对3，净剩下四张5的炸弹，南家就追不上了。

再举一个例子。

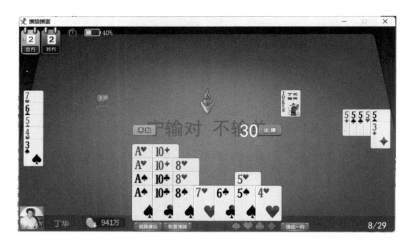

下家这次是五张5的大炸，虽然南家拦不住他，但可以阻止他给上家留风，这样就能打上家下游。

但如果南家不"治"，下家脱手单3，然后大炸留风，上家接风一手小顺子就跑掉了，南家两炸被饿死，非常窝囊。

六张还有可能是"411"的牌型。来看这个局面：

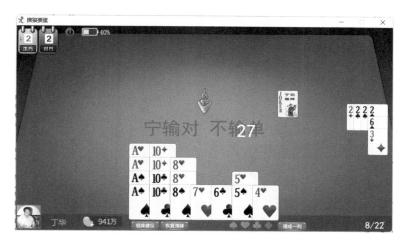

下家有四张级牌的大炸，此时南家仍然必须开炸，然后先打45678的顺子，接着再打对8即可获得胜利。

通过以上几个例子，我们可以看出，"六必治"的口诀，适用的情况还是比较多的。

同样地，"六必治"也有不适用的例外情况。我们来看这个局面：

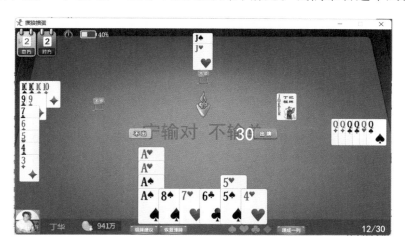

下家这次剩下的是六张Q的巨炸，如果南家此时上炸，四张A的炸弹就白白牺牲了。如果留着四张A，就能打上家下游。

除了白白牺牲，炸弹也有可能被浪费。我们来看这个局面：

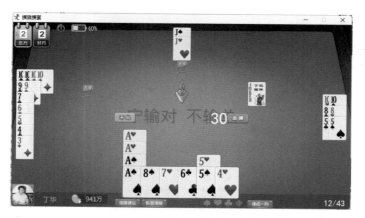

这次下家剩下的六张是一手差牌，南家此时上炸就浪费了，放他出牌反而对自己更有利。

那究竟是必治还是不必治呢？这就要靠临场仔细的判断了，如果判断不清，那就不妨"治"一下，即便是"治"错了，对家也不会太生气。

和"六必治"非常相似，五张也是敏感张数，请看下一篇。

第41篇　残局口诀11：炸五不炸四

所谓"炸五"，意思是"五必治"，情况和"六必治"非常相似。但"五必治"的例外情况更多。我们来看这个局面：

下家还剩下五张牌，此时南家必须要开炸，不然下家一手三带对就跑掉了。

开炸之后，再运用"逢五出对"的口诀，即可击败下家。

五张牌还可能是一手顺子，道理和三带对差不多，我们就不举例说明了。

五张除了一手牌，还有两手牌的情况。比如"41"牌型，来看这个局面：

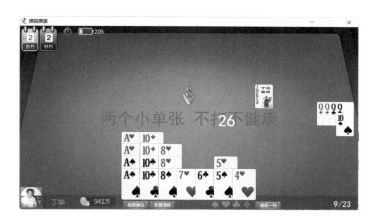

南家此时仍然必须开炸，不然下家脱手单10，净剩下四张Q的炸弹，南家就挡不住了。

南家开炸之后，"逢五出对"，最后用四张A闯关，即可捷足先登。

以上这三种都是比较常见的局面，也是"五必治"的适用之处。"治"了就还有机会，"不治"就彻底没有机会了。

但这个口诀同样也有很多例外。我们来看这个局面：

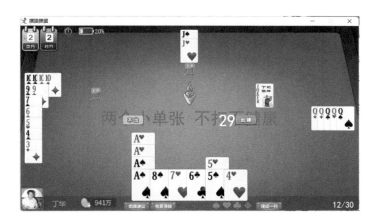

　　下家剩下的五张是一手炸弹，此时南家按"五必治"的口诀打，那四张A的炸弹就成了炮灰，白白牺牲了。接下来上家接风，领出34567的顺子，轻松打南北方双下。

　　由于五张的炸弹很常见，因此盲目"五必治"而被对方骗炸的现象就太多了。

　　但如果之前能判断出，下家剩下的是一手炸弹，南家就会放过不要。这样下家的炸弹只能空放，南家留着炸弹，就能打上家下游。

　　除了有可能上炸弹的当，还有可能上差牌的当。我们再来看一个局面：

　　下家剩下的五张牌，是"221"的差牌。南家如果现在上炸，就炸错了对象，反而可能给了上家机会。南家可能接出顺子闯关，但上家可用四张10开炸，然后用34567的顺子反闯关，头游就被上家抢走了。

　　但如果之前能判断出，下家是反向利用口诀，实际上是虚晃一枪，南家就不会上当，接下来下家只有打单5，东西方就会被打双下。

　　通过以上几个案例，我们可以看出，对方剩下五张牌时，是一个非常难的局面。运用"五必治"的口诀，既有可能正确，也有可能错误。这也是口诀最令人诟病的地方。

　　"不炸四"意思就是"枪不打四"，我们回到了口诀起点。到这儿，出炸控制的口诀，也就全部结束了。

　　限于篇幅和形式，更多掼蛋口诀的讲解视频，请到自序扫码获取。

在实战中，经常是用了出炸控制口诀，然后马上要用牌型控制口诀，只是出炸控制比牌型控制要难得多。除了出炸控制和牌型控制技巧，我们还有牌点控制技巧。请看下一篇。

第42篇　牌点控制：残局逼炸为先

到了残局阶段，双方的炸弹都消耗差不多了，一般每人最多有一手炸弹。这时候，如果自己只有一手小牌，其他的牌点都很大，就可以采取步步紧逼的战术，逼迫对方就范。对方可能有什么牌型，反而变得不重要了。

"尾牌原理在残局中的应用"中已经提到单张、对子和长牌的情况，下面我们来看大王、登基牌和小炸的例子，如果不注意控制，这些有点力的牌反而可能成为赘牌，被对方捷足先登。

1. 大王逼炸

例一：

点评：下家可能有炸但还欠一手，自己对子小且无法回收，先出大王逼炸。如果先出对9，被下家顺走对J，自己的大王就废了。

例外：感觉对方牌还有很多，并没进入到残局，因此炸弹有可能超过2个，此时也可先出对9，留大王听牌比较保险。

2. 登基牌逼炸

例二：

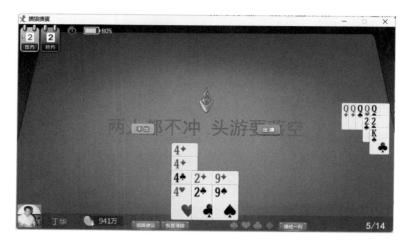

点评：对2已登基，但外面还可能有对2顶嘴，即便先出对9可回收，此时也先要出对2逼炸。

例三：

点评：2手登基牌，保留牌型明确、对家好送桥的对子，先出顺子逼炸。即便被对方两把炸弹阻挡，还保留有较大的听牌取胜机会。

3. 小炸空掷

例四：

点评：2把小炸+1个小对，预感下家接近听牌，先空掷1把小炸。这也从侧面说明小炸多要及时用。

以上3手对3手的对抗局面，有更通用的模型，可以推导出更多的控牌战术。请看下一篇。

第43篇　牌点控制基础：赛马模型

田忌赛马的故事大家都知道，但掼蛋中的"赛马"有自己的特点。来看这个局面：

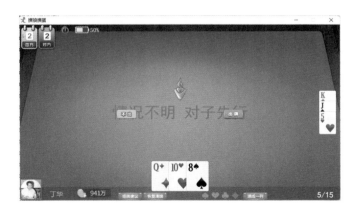

南家的上等马、中等马都比下家相应的马弱，只有下等马强于下家。这样即便是南家先出，也无法取胜。

但是，如果中等马一样，南家可借先行之利，战胜东家。来看下图。

南家先出J是要点，东家无论是否上K，都会失败。

这两个案例说明什么规律呢？

1. 下等马的强弱，对最终结果影响不大。这酝酿出"尾牌原理"的重要控牌思想。

2. 上等马和中等马，不能两匹都比别人的弱：整体受制，即便先出也是败势。这酝酿出重要的控牌思想：如果上等、中等马都强，可以弃弱交出先手，从而后发制人。

3. 上等马和中等马，至少要有一匹和敌人的一样大：先出者为大。这酝酿出重要的控牌思想：如果没有整体的控制优势，不要轻易让别人的中等马逼出自己的上等马。这其实就是"残局逼炸为先"的翻版。

当然，赛马隐含的前提条件是：上等马强于中等马，中等马强于下等马。

以上是单一牌型的案例，来看一个复杂牌型的案例。

南家的10JQKA和东家的222AA可以看成是一样大，因为谁先出谁大。南家可先出10JQKA，逼出对方的上等马五张K，之后从容获胜。

由于复杂牌型可拆可变，如果整体受控也不是完全没有机会。请看下一篇。

第 44 篇　扭转乾坤：交换轮次

复杂牌型中，三带对是一个特殊的存在。因为其中的对子，并不参与大小的比较。这给"赛马"提供了扭转乾坤的机会。来看下图。

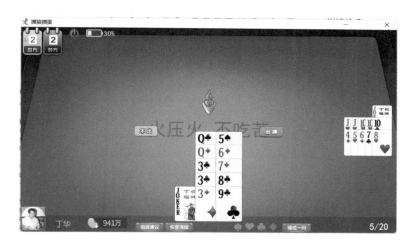

南家虽有先行之利，但两路受控，仅有顺子牌路比下家强。所以，无论先出单张、夯还是顺子，都会失败。

但南家的夯，带的是大对子，此时可拉长战线，打出三张3。下家如果用三张10接手，他反而变成了两路受控。根据赛马模型，下家虽持先手，但也难逃失败的结局。

这其中的关键是什么呢？

关键就是，南家用弱势的光三轮次，交换获得了强势的对子轮次。

在实战中，用弱光三交换强对子、弱对子交换强单张、弱顺子交换强三带对、弱三带对交换强顺子，都是很常见的"此消彼长"战术。这种战术，也暗合了军事中的运动战思想。

根据赛马模型，两路受控是一个比较忌讳的存在，这催生了新的口诀，请看下一篇。

第45篇　摆脱受控：两个小单张，不打不健康

弱势的复杂牌型，尚有交换轮次的机会。但弱势且单调的单张，由于很难消耗对方的优势力量，因此几乎没有交换的价值。

如果手中有两个小单张受控，根据赛马模型，就要有危险意识，避免到残局时，还有两个小单张握在自己手里。

来看这个局面：

下家有单4、5两个小单张受控，虽有四张6的上等马，但也无济于事。

当然南家也不能乱打，需要拆单K作为中马，才可获胜。

像下家这样的情况，如果想拿头游，或者想避免被打下游，就要提前处理掉其中一个小单张。

这就是"两个小单张，不打不健康""两个小单张，不打心好慌"的理由所在。更多内容，可阅读拙作《掼蛋技巧秘籍》的相关章节，其中有更详细的讲解。

比两个小单张稍微好一点的是，一小单+一小对。来看这个局面：

南家可先打小王逼火，留下对K单双不过，下家仍然无计可施。

两个小单张、一小单+一小对，甚至包括两个无光三带的小对子，都可以看成是典型的"死形"，通常用一匹上等马是掩护不过来的。适当的时候，应注意避免其存在。

截至目前，控牌的技巧就全部结束了，我们共学习了三种控牌方式：牌型牌张控制、炸弹控制和牌点控制。

通过学习残局，掌握控牌的相关技术，是掼蛋从入门快速提升到进阶的重要路径。

再进一步，我们学习什么呢？让我们回到牌局开始，学习相对简单的组牌技术。请看下一篇。

第46篇　组牌和定位哪个优先：从一桩公案谈起

掼蛋起手27张牌，是应该先定位呢，还是应该先组牌呢？有很多牌友认为是应该先定位，因为不同的定位，组牌策略的侧重点是不同的。

比如定位为主攻，组牌时不仅要考虑炸弹的数量、大牌的数量，还要重点考虑手数的多少。有时为了减少手数，甚至不惜把炸弹拆开来使用。我们来看这个案例：

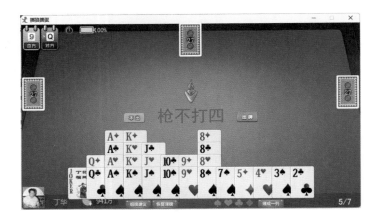

南家有三把炸弹，但有2345四个小单张。如果想争头游，肯定要把四张A的大炸拆开，组12345的杂顺。这样手数一下子就少了很多。

但是，如果定位为助攻，手数就没那么重要了，而多一把炸弹，就可能多一次助攻的机会。这副牌打到最后，局面如下图。

西家空扔大王闯关，南家保留有四张A的炸弹，开炸后就能传出单张小2，帮助对家拿到头游。

但如果早早组12345打掉，现在就没有炸弹阻止西家了。即便南家还有别的炸弹，12345打掉以后，可能也没有小牌可传了。

所以，先定位再组牌，听起来是不是很有道理。但是，组牌优先派会怎么说呢？其实很简单，就一句话："不先组牌，你根据什么定位呢？"我们来看这个局面：

南家的大牌显然不占优势，好在有两张逢人配，如果用来组四张10和四张3的炸弹，但牌就太碎了。

那该如何定位呢？猛一看，牌太碎只能定位为助攻了。但是，你耐心地组一下牌就能发现，这其实是一把很有机会当主攻拿头游的牌。

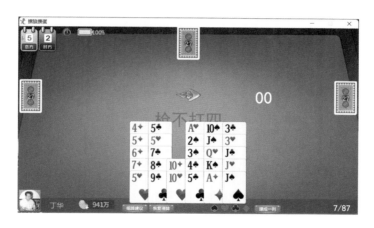

所以，"公说公有理，婆说婆有理"，那究竟谁更有理呢？

其实我们可以这样看：组牌好比左脚，定位好比右脚，走路先迈哪只脚并不重要，重要的是和走路一样，组牌和定位是一个动态的、不断调整的过程。

组牌不仅影响定位，还深入影响到更多的掼蛋技术环节，请看下一篇。

第 47 篇　为什么组牌是基本功

组牌除了影响到角色定位，还影响到进还贡、拆变牌等诸多技术环节，进而影响到配合、进攻、防守、残局等更多的技术环节。可以说，组牌的身影无处不在，堪称掼蛋的基本功。

1. 组牌是进贡的基础

我们来看这个局面：

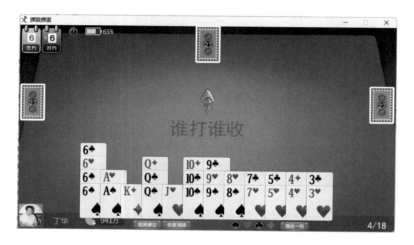

南家需要向上家进贡，候选牌有草花6和黑桃6，进贡哪个好呢？

进贡给对方的原则如下。

（1）对方组同花的可能性最小。

（2）自己收贡后，组同花的可能性最大。

这就需要我们掌握快速看同花的技术。对于第1条原则，草花6和黑桃6的区别不大，但对于第2条，进贡草花6，自己就失去组草花同花的可能了。何况自己有两张黑桃6，显然应该进贡黑桃6，而不是草花6。

如果实战中上家还贡了一张草花8，那可以这样组牌：

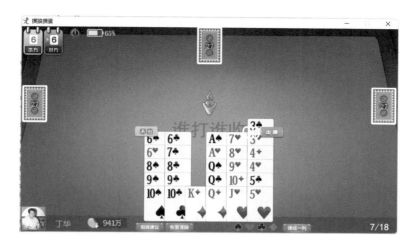

接下来首攻345木板，其他的牌跟着走，很容易拿到头游。但是，如果当初进贡草花6，就会立刻损失一手同花。

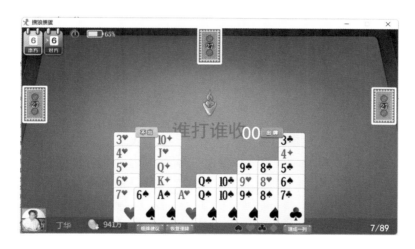

最好也就组成这样了，但牌力和头游还是有差距的。

2. 组牌是还贡的基础

和进贡相比，还贡对组牌技术的要求更高。因为还贡可选择的范围更大。而且，还贡是先对28张牌进行组合，比27张的变化要多，更不容易看清楚。我们来看这个案例：

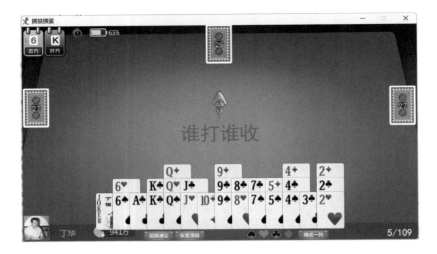

北家进贡黑桃6给南家，南家还贡什么牌好呢？

如果对牌型敏感的话，第一感是组78910J的草花补缺同花，因为10这儿正好有缺口。接着再组78910J的杂顺，以及一大一小两个夯。这样可还贡草花3。虽然牌力差强人意，但牌型还是比较整齐和丰富的。

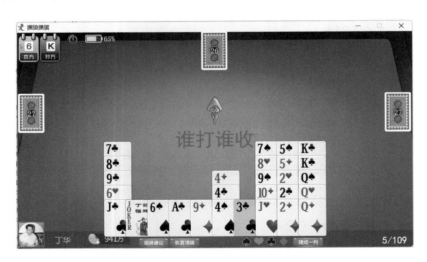

而且草花3还符合"还贡对家最小自然单张"的原则，因为这样，对家更有可能成炸，或者减少赘牌。

3. 组牌是变牌的基础

如果组牌的技术不够熟练，有些组牌的变化就会看不到。这样就会导致：该拆的牌你不敢拆，该变的牌你不会变。尤其是不会灵活地变牌，经常导致错失头游的机会。我们来看这个局面：

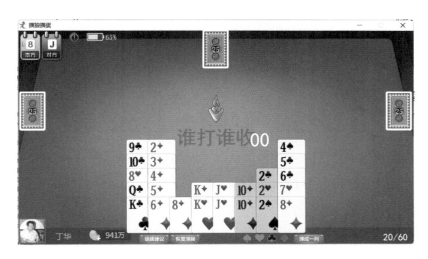

南家领出三张 2 带对 10，东家上三张 4 带对 9，北家没接牌，现在南家怎么办呢？

放过不要吗？肯定不行！你能打不能收，对家会非常生气的！

用同花顺开炸吗？肯定也不行！这样剩下一火四轮，机会就渺茫了。

但南家可以这样变牌：

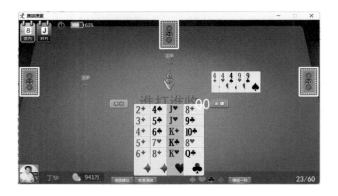

变出三张K带对J打压，留逢人配组8910JQ的杂顺。这样打住后是一火两轮，接下来对方很可能攻顺子，那南家拿头游的机会就大多了。

这个案例表明：

第一，要有变牌的意识；

第二，要有变牌的能力。

而变牌的能力，是建立在组牌技术之上的。组牌的技术越熟练，短时间内看到的变化就越多，你变牌的能力也就越强。

既然组牌的技术如此重要，那我们从哪儿开始学习呢？请看下一篇。

第48篇　组牌技术的七大要素

对于组牌，很多高手都有自己的心得。比如，去单化、炸弹最多、轮次最优、手数最少等，但这些都是不全面的。

组牌实际上是在角色定位的基础上，对诸多要素进行综合权衡的过程。过于突出单一的要素，都是不合适的。

组牌共需要综合权衡七大要素：

第一，炸弹的数量和质量；

第二，大牌的类型和数量；

第三，赘牌的数量；

第四，手数的多少；

第五，灵活性；

第六，前后连贯性；

第七，左右协调性。

这七大要素，和高手的心得有什么联系呢？

"去单化"实际就是减少手数，因为单张越少，手数也就越少；

"炸弹最多"只考虑了炸弹的数量，没有考虑炸弹的质量；

"轮次最优"这个比较复杂，技术指导的意义不强；

"手数最少"并不准确。因为连贯性会影响手数的实际效用。当绝对单控时，我们反而会把整牌撕开打：把手数变多，把战线拉长。

七条要素当中，前三条尤为重要，因为这三条决定了整手牌的牌力。这是为什么呢？请看下一篇。

第 49 篇　一个简单的牌力公式

为什么炸弹、大牌以及赘牌，这三条是最重要的因素呢？因为这三条决定了牌力的大小。

有一个简单的牌力公式：

$$牌力＝炸弹数×4＋登基大牌数－赘牌数$$

计算出牌力有什么好处呢？

第一个好处是便于快速定位。在"头游的资本——牌力及其三种衡量方法"中，牌力如果超过12点，就可以定位为主攻，争取去拿头游。

比如这副牌：

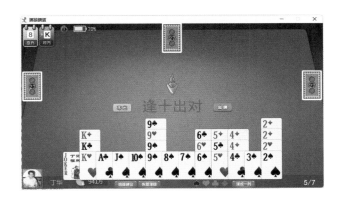

南家有78910J的黑桃天然同花，四张2的炸弹，还有逢人配可组四张4的炸弹，有大王一张登基大牌，有单3一张赘牌。所以南家的牌力很快就能计算出来：

$$3 \times 4 + 1 - 1 = 12$$

正好12点，可以定位为主攻，争取拿头游。

当然，牌力的计算不要求有多精确，因为定位也只是初步定位，后期是需要根据战况不断调整的。有时牌力16点的牌拿不到头游，但牌力8点的反而可以将头游收入囊中。其中的关键就在于，掼蛋中四人的总牌力，不像桥牌那样是固定的。你有16点，但对方可能有18点。

虽然每副牌的总体牌力不同，但大量的数据表明：头游获得者的牌力在12点左右，手数在9手左右。这是由27张牌、牌型种类、选手之间竞争与合作等诸多因素共同决定的。

计算出牌力的第二个好处是便于选择组牌方案。组牌方案一的牌力是10，而组牌方案二的牌力是8，那我们就选择按方案一来组牌，而放弃方案二。

在牌力差不多的情况下，我们再考虑其他四个要素，对组牌方案进行更细致的微调。

一个简单的牌力公式，除了以上的作用，更重要的是为我们的组牌指引了方向：尽可能地多组炸弹、大牌，同时尽可能地减少赘牌的数量。

大炸和小炸价值都是4点的道理，我们前面已经弄明白了。但是，为什么不是价值6点甚至是更多呢？请看下一篇。

第50篇　为什么一枚炸弹的价值是4点

在牌力公式中，为什么炸弹的价值是4点，而大牌的价值只有1点呢？这是由牌路的特点决定的。

相同牌路的牌可以比较大小，不同牌路的牌不能比较大小。但是炸弹可以炸所有的牌路。我们来看这个示意图：

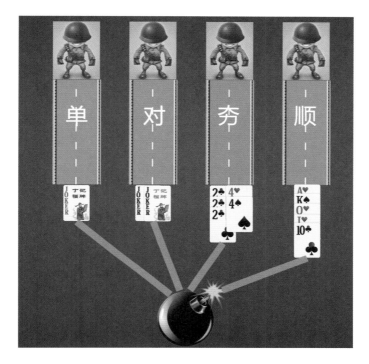

假设对方从单路上攻过来，我手中有单大王可以镇守。但单大王无法镇守对子、夯和顺其他三种牌路。同样地，其他三种大牌，也只能镇守自己的牌路，不能镇守其他的牌路。不过呢，炸弹可以镇守所有的牌路。也就是说，不论对方从哪个路子上攻过来，炸弹都可以镇守。

我们知道，单、对、夯、顺是掼蛋中最常见的4种牌路，而连对、钢板、光三这3种牌路并不太常见。所以一枚炸弹的价值就是4点，而一手大牌的价值只有1点。

掼蛋牌力的计算方法，自拙作《掼蛋技巧秘籍》率先披露以来，市面上后出的一些书籍和课程照搬或借鉴了这种计算方法。但是如果你要问为什么这么计算，他很可能是说不清楚的。特别是有的方法只是简单地除以2变化了一下，明显是不知其所以然的。

当然，这只是对牌力静态的、粗略的计算。更精确一点，还要考虑两个动态因素。第一，牌路的频度属性。也就是对方更有可能从哪个路子上攻过来，那这种牌路的大牌，就可以适当加分。第二，拆牌的情况。比如四张王都出完了，那三张级牌的夯，就可以镇守三种牌路，也

可以适当加分。

动态牌力的计算和战斗的关系较大。有时静态牌力差不多，但出错牌导致最终输牌，就是因为没有注意到动态牌力的问题。这方面的知识，我们以后再讲。

理解了牌力公式的底层逻辑，对于我们如何组炸弹、组大牌、处理赘牌，都有很好的指导意义。

接下来，我们就聚焦组炸弹的相关知识。请看下一篇。

第51篇　炸弹的护牌作用

炸弹除了扭转牌路、闯关和阻击闯关的作用，还有另一个作用：护送小牌。有句俗语叫："一火保两单"。比如这个局面：

南家有四张6和两个小单张。先出单3，再上炸弹，最后护走单4。正好保走两单，但"一火保两单"是有前提的：

第一，要领出牌；

第二，对方没有比你大的炸弹。

如果这两个前提有一个不满足，那还真保不了两单。不仅保不了，而且还可能被打成下游。

这给我们什么启示呢？启示就是，为了多组一个炸弹，结果多了两手赘牌，其实并不见得划算。作为助攻角色呢，倒还可以考虑。因为多一手炸弹，就多了一次助攻的机会。但作为主攻角色，这样组牌，很可能是吃亏的。

我们再来看这个局面：

如果非要组两火，就有三个单张赘牌。一火能保两单，那两火呢？只能保三单。在前提都满足的情况下，也只是刚刚好可以护送完，而且整个过程非常辛苦。

其实作为主攻角色，可以直接出67钢板，虽然少了一火，但留56789同花沉底，岂不是非常轻松？！

到这儿，我们已经掌握了炸弹的三个作用：

第一，扭转牌路；

第二，残局闯关；

第三，护送小牌。

这对我们组炸弹有着针对性的指导作用。

第一，为了扭转牌路，我们要多组炸弹。同时兼顾大牌，争取先逼出对方的炸弹。

第二，为了残局闯关，我们要兼顾炸弹的质量。争取在残局阶段控制局面。

第三，为了护送小牌，我们要兼顾赘牌。作为主攻，多组一个炸弹，但多两个赘牌，其实并不见得划算。

由此，我们得出组炸弹的几个原则。请看下一篇。

第 52 篇　组火原则一：火牌无大小，数量优先

根据炸弹扭转牌路的作用，我们有组火原则一：炸弹的数量优先。

牌力计算公式也表明：炸弹的数量越多，牌力就越强，扭转牌路的能力也就越强，此时炸弹的大小并不重要。

运用这个原则，通常有以下三种情况。

第一种情况，拆两个火组一个火，往往不太合适。来看这个例子：

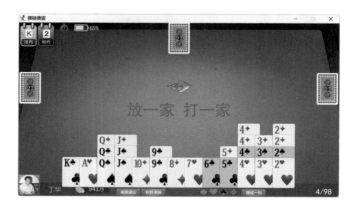

南家有23456的草花天然同花，但如果这样组火，就会拆掉四张4和四张2两个炸弹。不仅少了一火，而且还多了单5的赘牌。根据牌力计算公式，整体牌力损失5点，显然非常不合适。直接组两个小炸就很好。

再来看这个例子：

逢人配一般用来组火，如果用掉逢人配，再拆四张8，组方块678910

的补缺同花，这样共有两火。虽然牌型比较整齐，但也看不出有什么便宜。不如就用逢人配组四张7的炸弹，这样是三火，牌力更加强劲，而且有保留六张J的可能。

　　第二种情况，拆五头火组火是可以的。因为这样并没有减少炸弹的数量，只是五头火变四头火而已。我们来看这个例子：

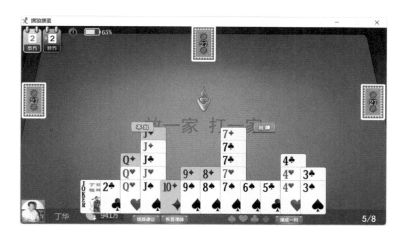

　　组8910JQ的方块天然同花，虽然拆了五张J，但四张J仍然是火。再组56789的杂顺，拆了五张7，同样炸弹一个也没有少。这手牌牌力十分强劲，是头游的有力竞争者。

　　第三种情况，逢人配并火往往不合适，因为这样会少一火。我们还来看前面的例子：

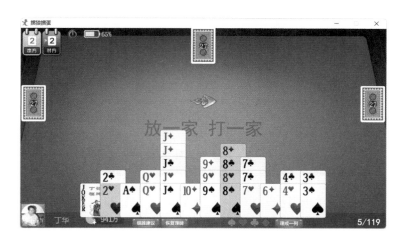

如果逢人配与四张8并成五张8，这样就只有两火了。同样如果与五张J并成六张J，也是少了一火。过早并火一般是吃亏的，牌力损失严重。比如，为了打对手的四张10，你用逢人配并成五张8压住。这样拼炸，虽然很过瘾，但一下子损失将近8点的牌力。那就不如让他出一手，你再上小炸，把他炸停。并火呢，实质上是以数量换质量，一般在闯关或阻击闯关时才会使用。

好了，总结一下炸弹数量优先的原则运用的几个情况。

第一，拆两火组一火往往不太合适，包括用掉逢人配再拆火的情况。因为这样火的数量减少了。

第二，拆五头火是可以的。因为火的数量并没有减少。

第三，用逢人配在早期并火，往往不太合适。同样是因为火的数量减少了，除非逢人配没有特别的用途。

我们继续学习组火的原则，请看下一篇。

第53篇　组火原则二：小火大轮次，兼顾大牌

组大牌可以先逼对方的火，这样不仅弥补了小火的不足，牌力也更加强劲。我们来看这个例子：

当前打2，有两种组法：一种是组A炸和三张3带对4，另一种是组3炸和三张A带对4。

新手喜欢第一种方法，以为炸弹越大越好，这是常见的错误。

我们来计算一下整体牌力：第一种方法中，三张3带对4相当于累赘，整体牌力为4-1等于3点；第二种方法中，三张A带对4是大牌，而且很有可能登基逼火，计算为1点，所以整体牌力为5点。

第二种方法的牌力比第一种方法膨胀了60%多，这是因为三张3，从麻雀变成了凤凰，仅凭感觉是不容易发现其中窍门的。这种组火方法，就是典型的小火大轮次。南家可先出三张A带对4逼炸，轻松获得胜利。

而如果是组成大火小轮次，被对手顺走三张K带对9，可惜自己的四张A又不够大，对方可用五张5闯关获胜。退一步讲，就算大轮次不逼火，如果能跟着顺走，效果也比用大炸弹上手，再出小轮次要好。因为能顺着走牌，小炸弹就节省下来了。

我们来看一个错误的实战案例：

当前打8，南家意气拼炸，用逢人配组四张A硬盖下家的四张7，违背了"小火大轮次"的原则。虽然大火可以上手，但三张5带对J是小轮次，还要交出轮次。由于四张6不大，南家最后打成了"521"牌型，结果受控成末游，非常可惜。

究其原因，是因为这样打，相当于少了一炸。

在实战中，如果谁用逢人配组A枪，甚至组K枪或Q枪，就表明他组火的水平一般。除非是紧急情况，或者是牌力实在太过富余的情况。

从相反的角度考虑，如果有天然的级牌枪、A枪甚至是K枪，我们要有拆火成大轮次的意识。这方面的知识，我们在组大牌的技巧时，再详细学习。

我们继续学习组火原则，请看下一篇。

第 54 篇　组火原则三：一火保两单，兼顾赘牌

如果赘牌太多，不仅炸弹护送不过来，而且牌力也会被削弱。所以，为了组一个炸弹，而多了两张赘牌，往往并不划算。我们来看一个实战案例：

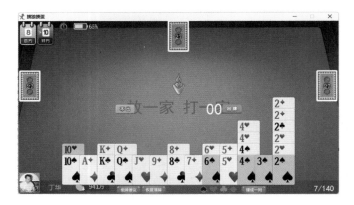

如果组黑桃同花，会拆掉四张4，六张2质量降挡，还用掉逢人配，暂时不考虑这种方案。

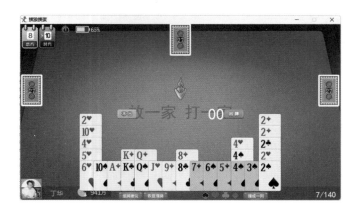

组红桃同花呢？多了对4的赘牌，好像还不如刚才的情况。

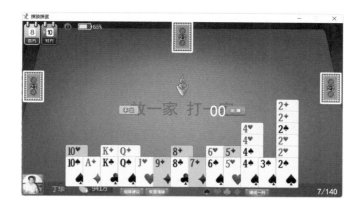

　　组方块同花呢？炸弹倒是多了一个，但有单3、单5、对6和单8，赘牌实在是太多了。

　　所以，这手牌要想多组一个炸弹，肯定是不合适的。

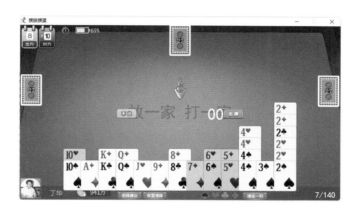

　　既然不能多组炸弹，逢人配还有组567木板的变化，再组8910JQ的顺子，这样不仅轮次更大、更刁钻，而且炸弹的质量也更好一些。美中不足的是多了一手赘牌。不过综合考虑，这样组牌反而是不错的方案。

　　我们继续学习组火原则，请看下一篇。

第55篇　组火原则四：大炸值千金，兼顾质量

　　炸弹的另一个主要作用，就是残局闯关或者阻击闯关。这时候炸弹的大小，也就是炸弹的质量，甚至能起到"一锤定音，价值千金"的作用。

　　因此，在炸弹的数量、大牌以及赘牌都差不多，也就是牌力都差不多的情况下，我们要尽可能地提升炸弹的质量。来看这个局面：

　　南家有一张逢人配，可组四张10的炸弹，另外还有五张9的炸弹，是两火一单一对的牌。

　　不过，也可以这样组牌：组910JQK的红桃补缺同花。同样是两火一对一单，四张9和四张10几乎没有区别，但同花的质量，就要比五张9高多了。

　　当上家出单8，还可以过单K，用逢人配组六张9的重枪，是一火一轮，已形成闯关之势。这时候一个高质量的大枪，甚至比两个普通枪还管用。

　　再来看一个全手牌的例子：

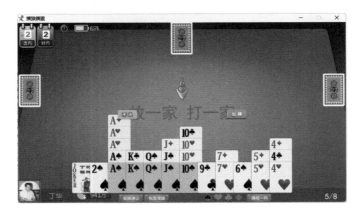

　　南家有四张10和五张A的炸弹。可组10JQKA的黑桃天然同花，再组910JQK的杂顺。这样四张10升级成四张A，五张A升级成顶天同花，两个炸弹的质量都得到了加强，所以这样组牌更好一些。

再来看一个综合的案例：

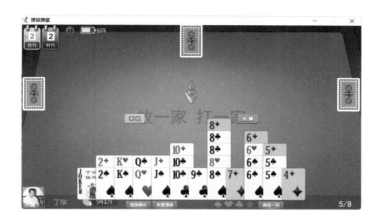

南家有五张8和四张6两个炸弹，但有单4和单7的赘牌。不过有45678的方块天然同花，就把赘牌给消除掉了。而且这样组牌，虽然仍是两火，但四张6升级成四张8，五张8升级成同花顺，质量上肯定提升了不少。

说起炸弹的质量，有没有相关的标准呢？请看下一篇。

第56篇　究竟什么是高质量的炸弹

我们知道高质量的炸弹，到残局阶段能发挥出很大的作用。但究竟什么样的炸弹，才算是高质量的炸弹呢？

要回答这个问题，首先要看一下炸弹的类型和统计数据。笔者统计了3420个掼蛋实战对局，得出平均每副牌炸出的炸弹数据：

牌型	总数	平均数
四头炸	15924	4.66
五头炸	2365	0.69
同花顺	5744	1.68
六头炸	466	0.14
七头炸	28	0.01
八头炸	1	0
王炸	77	0.02

可以看出来，比同花还大的炸弹，数量迅速回落。因此，高质量的炸弹，必须至少是同花的级别。其中10JQKA的顶天同花、六头以及更大的炸弹，可以称为巨炸或者是重枪，用这样的炸弹闯关，成功的概率会非常大。

在实战中，高手总是能快速组出同花顺，甚至是顶天同花顺，在关键时刻祭出，让新手吃尽了苦头。

那究竟如何快速组出同花顺呢？请看下一篇。

第57篇　五十定律的最大用途

由于同花顺是高质量的炸弹，因此组牌技术提高的一个重要标志，就是善于组同花顺，当然也包括组普通的顺子。

顺子共有10种，最小的是12345，最大的是10JQKA。我们来看这个局面：

上家的牌可组成五手小顺子，从12345到56789。南家的牌可组成五手大顺子，从678910到10JQKA。我们看对角线，可以发现所有的小顺子都含有5，所有的大顺子都含有10。

因此，就有了所谓的"五十定律"：顺子要么含有5，要么含有10，要么含有当5或10用的逢人配。

但是，这个定律怎么使用呢？很多人是这样用的：就是要记住5和10

各出了几张，如果5出了八张，那外面就没有小顺子了；如果10出了八张呢？那外面就没有大顺子了。

这样用不能说不对，只能说，这样用太难了。因为，普通人连级牌和A都记不住，哪有精力去记5和10呢？！

其实"五十定律"的最大用途，不是判断外面是否还有顺子，而是用来快速地判断，自己手里的牌是否有同花顺。

判断外面是否有顺子，有另外一个更好的定律：孤张定律。这个我们以后再讲。

那怎么运用"五十定律"来快速地发现同花顺呢？请看下一篇。

第58篇　快速组同花的步骤和方法（无逢人配）

有了"五十定律"，那看同花就方便了，共有两个步骤。

第一步，先看大同花。围绕牌点10向左向右看，注意级牌下放。如果级牌小于等于5，那就没有下放的问题。

第二步，再看小同花。围绕牌点5向左向右看，注意级牌下放。相应地，如果级牌大于等于10，那也没有下放的问题。不过，看小同花，还要注意A下放的问题。

我们来看这个局面：

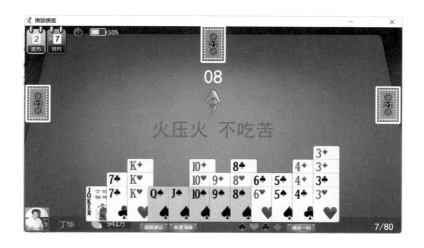

第一步，先围绕牌点10看大同花。当前打7，注意下放。黑桃10向左向右看，有8910JQ的黑桃天然同花，先理出来；红桃10向左断了，向右也断了，肯定没有同花；再看方块10，向左断了，向右到8也断了，所以也没有同花。

第二步，再围绕牌点5看小同花。当前打7，注意下放。黑桃5向左断了，向右也断了，肯定没有同花；草花5向左有6，注意下放有草花7，继续向左有草花8，向右有草花4和3，其中45678的草花同花，可以先理出来。

这样所有的同花就都发现了，再组一手56789的杂顺，三张K带对4，这是一手很有希望的头游牌。

再来看一个局面：

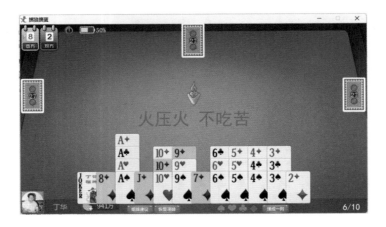

先看大同花。红桃10向左断了，向右有9，注意下放但8断了；方块10，向左到J，向右有9，注意下放有方块8，再向右有方块7，所以有78910J的方块天然同花。

再看小同花。黑桃5向左到6，向右有4和3，但没有2，还缺一张；红桃5向左到6，向右断了；方块5向左断了，向右有4、3和2，还要注意A下放，所以有12345的方块小同花。

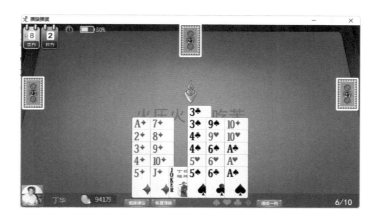

再组345连对，三张6带对9，以及三张A带对10。同样，这也是一手头游的牌。

最后，再来看一个案例：

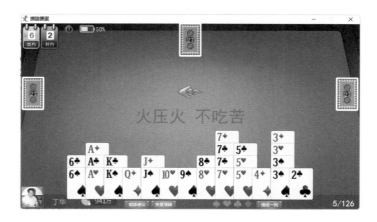

红桃10向左断了，向右也断了，所以，肯定没有大同花。

红桃5向左，注意下放，断了，向右也断了；草花5向左有6、7和8，

向右断了，缺一张，也没有小同花。

所以，这是一手肯定没有同花的牌。

利用以上的方法看同花，不仅快速，而且不会漏看。不过，这三个案例，都没有逢人配。如果有逢人配呢，那情况就会稍微复杂一些。请看下一篇。

第59篇　快速组同花的步骤和方法（有逢人配）

如果有一张逢人配，看同花会稍微复杂一些。不过，步骤和方法大同小异。

我们来看这个局面：

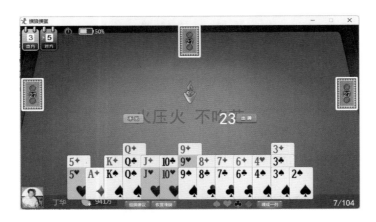

第一步，还是围绕着10先看大同花。

红桃10向左到J，但Q断了，可用逢人配补缺，接下来K断了。再向右到9，还是缺一张。再把逢人配换一个方向补缺，现在补缺红桃8，但7断了。逢人配在左右两个方向补缺，都仍缺一张，所以红桃没有大同花。

换草花10，向左但J断了，用逢人配补缺。继续向左有Q，但K断了。再向右9断了，逢人配换个方向补缺。现在补缺草花9，再向右有876，所以有草花678910的补缺同花。

那要不要先理出来呢？答案是不要，因为不知道补缺是否合适，还需要继续看。

接下来很关键，逢人配直接补缺10本身。草花和红桃我们都看过了，还缺方块和黑桃。

先当方块10，向左到A，所以有10JQKA的方块同花。不过，向右到6也可以。那究竟哪个更好呢？一下子也不好判断。

继续补缺黑桃10，向左断了，向右到黑桃9，之后也断了。所以黑桃补缺没有同花。

现在我们知道，方块向左向右都可以补缺，草花可以补缺一种。但哪个方案更好，还不太好判断。要等看完小同花，先把变化少的、天然的同花先理出来再看，这是逢人配组同花复杂的地方。

第二步，同样的方法，围绕着5看小同花。

方块5向左，有56789的天然同花，那可以先理出来。

再直接补缺5本身，草花5向左，到9断了，再向右也断了，所以草花没有小同花。

再看红桃5，向左断了，向右到4之后也断了，所以红桃没有小同花。

最后补缺黑桃5，向左断了，向右432，注意A下放，但没有黑桃A。

四个花色都看过来，那逢人配就组不成小同花了。

回过头，我们再判断大同花怎么组。

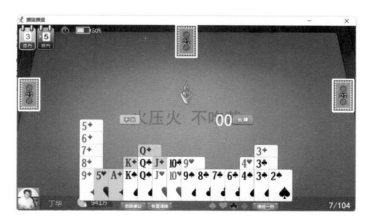

组草花补缺同花，感觉手数太多。组方块补缺同花呢？可组678910的杂顺，再组910JQK的杂顺，这样肯定好一些。

所以，最后的方案是这样的：

有逢人配的情况，无论是发现同花，还是判断方案优劣，都比无逢人配的情况要更有难度。更何况，这个案例还只是单逢人配的情况。

如果有双逢人配，还要考虑补双缺同花的可能。由于变化实在太多，短时间内连高手也难以算清，也会犯错。所以，手握双逢人配，有时也称为"幸福的烦恼"。

当然，熟练运用组同花的步骤和方法，综合权衡各项要素，还是有利于我们更快速地找到合适的组牌方案。

限于篇幅，更多组炸弹的技巧，请联系笔者学习专题视频课程。

牌力公式的第2个要素是大牌，接下来我们学习组大牌的技巧。请看下一篇。

第 60 篇　被低估的大牌价值：动态牌力

在牌力公式中，炸弹的价值是4点，而登基大牌的价值只有1点。这是因为炸弹可以把守多个牌路，而登基大牌通常只能把守一个牌路。

但是，这个1点只是对牌力的静态预判。大牌在战斗中的动态价值，明显被低估了。因为，还有三个动态因素要考虑：

第一，牌路的频度，也就是对方更有可能从哪个方向上攻过来。来看下图。

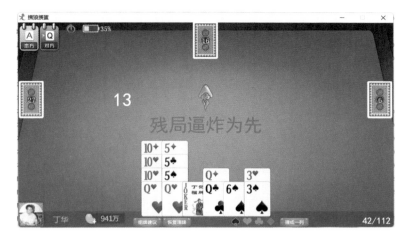

由于之前一直没走单张，南家此时大王的价值应该超过1点，评为2点没有问题。

通常来讲，单张比对子更常见，对子比三带对更常见。因此，单路优势是重要的牌力优势，更容易获得登基的机会。

第二，拆牌的情况，比如三张级牌的大夯，可以镇守多种牌路，具体的例子我们后面再讲。

第三，当牌路已明，相同牌路的登基大牌价值接近4点。来看这个局面：

如果南家领出单4，那对家小王的牌力瞬间膨胀。由于外面没有顶嘴，小王的牌力可评为4点，相当于一手炸弹的威力。这样南北方可以获

胜。如果小王有顶嘴呢？那可评为2点，抢先登基则可评为4点。

但如果南家领出三张4，那对家小王的牌力被抑制，同时下家三张10的牌力瞬间膨胀到4点。最终东西方就获胜了。

这是很多人把赢牌打输的根源。

因此，动态牌力是对大牌的一个重要的认识。这使得对大牌的把握，比对炸弹的把握要更难一些。

为了简单表达，我们把登基大牌，简称为"头牌"，意思是头部的大牌。更深入地理解大牌，请看下一篇。

第 61 篇　头牌的主要作用一：抢夺牌权

你的头牌出手登基，要么让对方给你牌权，要么耗费他的炸弹。此时头牌的价值膨胀，相当于一枚小炸弹。因此，在大多数情况下，能用头牌抢牌权的，我们就尽量不用炸弹抢牌权。来看这个案例：

下家剩下五张听牌，上家传出三张7带对5送听。此时上K夯，还是上四张8呢？

如果你记住A外面只有两张，K夯已然是头牌，那用K夯就足够了。

但如果直接上四张8阻挡，头游就打飞了，如下图。

这是用头牌节省炸弹的例子。但如果用头牌时会拆炸弹，那用头牌抢牌权，还是用炸弹抢牌权呢？请看下一篇。

第62篇　拆炸弹组头牌：单张

有时候组头牌和组炸弹不可两全，那用哪个抢牌权比较好呢？来看这个例子：

当前打J，外面没有王和J了。下家领出单6，现在该如何应对呢？

单J是头牌，如果用单J抢牌权，但会拆炸弹；如果用四张J直接闯关呢？又担心被盖住，剩下对3就肯定是下游了。

我们翻开下家的牌来看。

下家手里有五张2，所以此时正确的决策是，拆单J抢牌权。下家如果开炸，接下来无论他出什么，都逃脱不了你的掌控。

再回头想想就明白了，如果单J被炸，剩下J夯包含三手牌权，仍然有很大的机会。但如果四张J被炸，你就一定没有机会了。

所以，就算记牌能力不够，记不住外面还有五张2，在大多数情况下，我们还是应该拆单J夺牌权。

这种策略，同时还利用了头牌的夯，具有镇守多路、防守严密的特点。

接下来，我们继续学习拆炸成头牌。请看下一篇。

第63篇　拆炸弹组头牌：对子

来看这个局面：

南家的小王已经登基，上家打出对6。下家剩下8张，是危险的"521"牌型，只要再过一对，就可能用五张的炸弹冲刺。那现在该如何防守呢？

如果用四张2开炸阻挡，然后打小王或小三带对，但上家如果还有炸弹，南家就再也没有能力防守了。这样头游就是下家。

所以，此时的正解是：拆出对2的头牌，来拿牌权。

当上家四张5开炸，再传一对时，南家剩下的对2，又可以抢一次牌权。接着"七张八张，出顺打夯"，就会让下家一筹莫展，怎么打都是双下的结局。

大炸拆出单张或对子的多手头牌，可以增加抢夺牌权的能力，这个很好理解。但如果只能拆出一手头牌，是不是也有价值呢？请看下一篇。

第64篇　拆炸弹组头牌：优化轮次

拆炸弹能获得多手头牌，那自然很有价值。但如果只能获得一手头牌，是不是还有价值呢？我们来看这个案例：

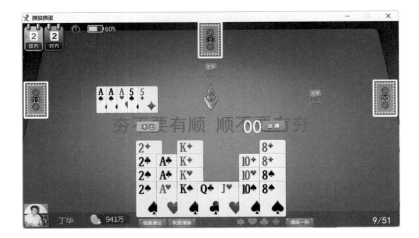

南家攻小夯，被上家的三张A带对5封堵。此时四张2的炸弹，只能拆出一手夯的自然头牌。

但剩下的单2更容易顺套，而且仍然保留顺子和夯两手头牌。和直接动炸相比，显然优化了轮次。

随后上家用四张8拿牌权，接出单Q，南家从容跟掉单2。下家大王上手后，打出34567的小顺子，南家顺势用10JQKA的头牌抢夺牌权，头游就不可阻挡了。

在这个案例中，夯的头牌和顺子的头牌，在战斗中的价值和小炸基本相同。不同的是，用头牌比用炸弹，剩下的轮次更优。所以呢，即便拆炸只获得一手头牌，如果在抢夺牌权的同时，还能顺带着优化轮次，那仍然是有价值的。

除了优化轮次，有时形势需要也可以拆炸组头牌。请看下一篇。

第65篇　拆炸弹组头牌：形势的需要

来看这个案例：

上家领出78910J的顺子，剩下七张报牌。对家还剩下两张，估计进入了听牌状态。此时的形势是：要打住上家，然后打对子给对家传牌。

南家有910JQK的草花天然同花，678910的红桃天然同花，还有一张逢人配，可组12345的杂顺。如何实现一打一传的目标呢？

用678910的同花拿牌权吗？但对Q对家可能接不住。

由于外面的A断了，所以910JQK的杂顺相当于一枚小炸弹。反正是要消耗一炸，所以此时正确的打法是：

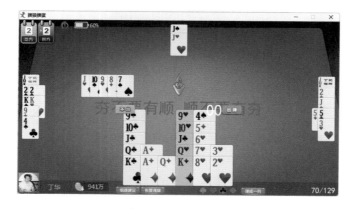

拆红桃同花，组910JQK的杂顺登基夺权。再组45678的杂顺，用逢人配组对3连打带传，最终能打对方双下。

以上都是拆炸组出明确的头牌的例子，但如果不一定是头牌呢？请看下一篇。

第 66 篇　拆炸弹组头牌：木板或钢板

除了组单、对、夯、顺的头牌，拆炸弹组木板或钢板的情况，在实战中也很常见。我们来看这个案例：

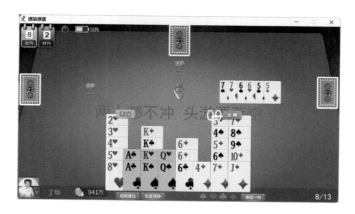

东家起攻567木板，南家此时不需要上四张K的炸弹，而是直接拆炸弹组木板的自然头牌，这样手数更少一些。

再来看钢板的案例：

东家起攻67钢板，南家此时不用上炸，用逢人配组910钢板打住。虽然不是自然头牌，但这样的钢板，很可能登基，同样可以达到夺权的效果。

不过，如果运气不好，拆出来的牌没能登基，被对手用普通牌型打住，那很可能就吃亏了。

有句话叫"拆炸不大，直接开炸"，这是拆炸要注意的。我们来看这个案例：

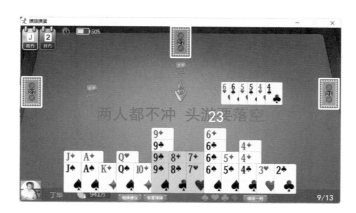

东家起攻456木板，南家此时拆出789打住。但东家有大木板回收，那刚才就不如直接开9炸了。

又或者，拆炸之后并没有优化轮次，也不如直接开炸。来看这个案例：

东家起攻56钢板，南家此时如果拆9炸，上89钢板。虽然也可能达到夺权的目标，但并没有优化轮次，同样不如直接开炸。

拆炸弹组出各种头牌登基夺权，运用的就是动态牌力的技巧。如果拆炸的同时，能获得多手头牌、优化轮次或者是适应形势，那都是非常有价值的。

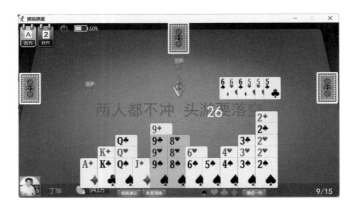

抢夺牌权是头牌的第一个主要作用，接下来请看下一篇。

第67篇　头牌的主要作用二：掩护小牌

既然头牌在牌路明确时，相当于一枚小炸弹。那和炸弹的一火保两单、两火保三单类似，头牌也有掩护小牌的作用。来看这个案例：

南家有两个小单张，但有大王护送。可打单5回大王，由于上家没有炸弹，只能眼睁睁地看着南家走掉。

这个案例的特殊之处在于：大王没有顶嘴的可能，所以此时出单5，必然可以回大王，除非对方上炸拦截。也就是说，大王必然相当于炸弹。

但在实战中，和炸弹掩护小牌不同的是，头牌顶嘴的可能性较大，比如上家有另一张大王。此外，顺子头牌被顶嘴，甚至三带对头牌被顶嘴，也是经常出现的现象。

这时候就要特别注意，如果别人的头牌抢先登基，你的掩护计划就会失败。而且他的头牌相当于炸弹，之后改出其他的牌路，你头牌的动态牌力就被抑制了。

这是头牌掩护小牌的弊端，但和炸弹掩护小牌相比，头牌也并非没有优势。请看下一篇。

第68篇　头牌的掩护优势：舍炸保头牌

同样都是掩护小牌，有时候头牌更有优势。来看这个案例：

上家领出对5，意在回收对A强行闯关。此时南家是上对大王的头牌，还是上四张7的炸弹呢？

虽然四张7比对大王大，但有三个小单需要掩护。四张7呢，刚好掩护不过来。所以此时正确的打法是，舍四张7的炸弹，留对大王有两手牌权，正好掩护走三个小单。

这个例子比较简单，来看一个稍微复杂的例子：

上家可能剩下一手夯，面对下家的对A，现在必须要打住。那级牌对9和四张10的炸弹选哪个好呢？

掼蛋高手速成攻略

如果认为用级牌对9打压对A正合适，那就大错特错了。由于还有3、7、8三个小单要掩护，此时上四张10的炸弹才更为合适。

头牌可以掩护相同牌路的小牌，那不同牌路的小牌呢？请看下一篇。

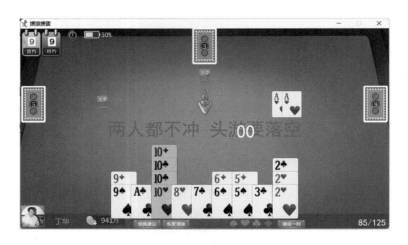

第69篇　诱拆掩护：打短护长

除了能掩护相同牌路的小牌，头牌还对相关的牌路有不错的掩护效果。比如，利用单路的优势，引诱对方拆开强路的对子，从而掩护了自己弱路的对子。来看这个案例：

南家不仅有单张的小牌，还有对子的小牌，但只有一张大王的单路头牌。那能掩护这么多的小牌吗？

答案是可以的！可先打单3，引诱上家拆开对A，从而打通对子的牌路。如果上家不拆，那继续打单6。如果还不拆，可继续拆对4单打，这样上家就无计可施了。

类似地，利用对子的优势，引诱对方拆开强路的三带对，从而掩护了自己弱路的三带对。来看这个案例：

南家有两手小的三带对，可利用对小王的头牌优势，打对3，引诱上家出对K。如果他不上当，可继续出对6。通常对手都受不了这样的挑衅，愤而上对K打压，此时可上对小王拿回牌权，再出三张4带对7，即可击败上家。

这种利用强短引诱对方拆牌，从而掩护或策应自己弱长的手法，在实战中十分常见。除了打单护对、打对护夯，还可以有打对护木板，以及打光三或夯来护钢板，我们给这种战术命名为"打短护长"。

除了这种诱拆掩护战术，还有直线掩护战术。请看下一篇。

第70篇　直线掩护：撕牌打法

诱拆掩护战术，是利用自己优势的短牌，引诱对方拆开他的长牌，从而起到掩护自己弱势长牌的效果。那可不可以拆开自己的弱势牌，交给强牌直线掩护呢？答案是可以的。来看这个案例：

南家有弱势的对子和弱势的顺子，但有强势的单张。如果贸然打对子或顺子，给西家送货上门，那就把好牌打输了。

正确的打法是：直接撕开自己的对10，打单10交给大小王掩护，这样就可以战胜西家。

本例只有两个强势的单张，如果有更多的强势单张，就可以把小夯、小顺子，甚至一切弱势牌，都撕成单张来打。这就是大名鼎鼎的"撕牌打法"。

我们来看一局实战牌例：

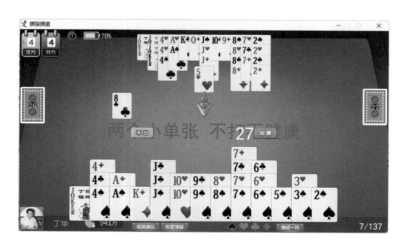

南北双方在单路上拥有绝对的控制权：四张级牌吃对方的四张A；四张A吃对方的四张K；四张王吃对方的两张级牌和剩下的两张K。因此在单路上，可以打得对方毫无还手之力。加上炸弹的数量并不处于劣势，这牌就很简单了。

北家把三张7、910JQK的顺子都拆成单张来打，对方则不明所以，只敢跟过单张，其他轮次都跟不出去。很快北家打成净枪，轻松获得头游。南家如法炮制，最终打东西方双下。

头牌的掩护作用就介绍到这儿。我们开始学习头牌的第三个作用，请看下一篇。

第71篇　头牌的主要作用三：火力侦察

除了抢夺牌权、掩护小牌之外，头牌的第三个主要作用是火力侦察。

这包括三种情况，第一种情况，残局直接闯关。来看这个案例：

四张王都出完了，南家的对2已经是头牌。如果外面没有炸弹，用对2闯关，即可拿到头游。不过，这样"以身试火"，多少有些莽撞。外面真要是有炸弹，自己剩下单9的死牌，头游肯定就没戏了。

所以，更稳健的打法是第二种情况，留后手的闯关。来看这个局面：

由于对2有两手牌权，可空出一张2假装闯关，进行火力侦察。如果外面有炸弹，通常忍不住要开炸，这样自己仍然是活牌。而且，上家开炸后，你剩下两张，他不敢贸然打对子，而是打单K来扑你的空门。不料你留有后手，上单2再次登基。由于第一张2，损耗了对方一炸，他现在就没有炸弹再阻挡你头游了。

这是有炸弹的情况，如果外面确实没有炸弹呢？那拆开打也没有任何损失。下面再用单2闯关，头游仍然是你的。况且，如果外面没有顶嘴，还可以出单9用单2掩护，最后给对家留硬风。

第三种情况是残局逼火。前面的"残局逼炸为先"，我们已经学习过了这种情况，在此不再赘述。

接下来，我们继续学习头牌的主要作用，请看下一篇。

第72篇　头牌的主要作用四：参与防守

7种普通牌型，犹如7种兵器，在防守能力上是各不相同的。来看这个局面：

如果先打对小王闯关，留下大王，那防守能力就差多了。上家简单四张J炸掉，南家的大王就被憋死了。

南家的正确打法是，先打大王逼炸，留下对小王"单双不过"。由于加大了防守面积，上家就没有办法了。

可见，对子头牌的防守面积比单张大。据此推理，光三头牌、夯头牌、钢板头牌，具有更大的防守面积。

我们以夯头牌为例，其防守面积有多大呢？可防单、对、光三、夯四种牌型，有时候甚至还能防炸。来看这个局面：

南家可先打大王闯关，留大夯形成密不透风的防守。上家虽有两炸，但仍然被打下游。

再来看一个例子：

当前打A，外面最大的就是J炸了，那先打什么好呢？

如果打光三回光三，上家简单四张J开炸，两手小三带对就跑掉了。

如果对大夯的防守面积有心得，此时就会拆打一张J或一张K，那上家就无可奈何了。

由于大钢板并不常见，我们把头牌夯，特别是带大对子的头牌夯，称为"防守之王"。

好了，我们对大牌的作用已经有了比较全面的了解。那怎么组大牌呢？请看下一篇。

第73篇　组大牌的原则一：头牌越多越好

头牌的主要作用之一是抢夺牌权，因此我们组大牌的第一个原则就是头牌越多越好。来看这个例子：

既可以组910JQK的顺子和单A，也可以组10JQKA的顺子和单9。但前一种组牌方式，顺子和单张都不是头牌，所以宁愿按后一种方式组，至少10JQKA肯定是头牌。

当然，如果外面的A都出来了，910JQK也肯定是头牌，那就按前一种方式来组。

再来看一个复杂点的例子：

可以组三张K带对J，外加对A、单Q和单10；也可以组10JQKA的头牌，外加对K、单A和单J。怎么组都是四手牌，但前一种组牌方式，没有一手是头牌。

同样的道理，我们优先按后一种方式来组。例外的情况也一样，如果K夯确定是头牌，那就优先组K夯，而且K夯防守能力更强。

最后我们看一个整手牌的案例：

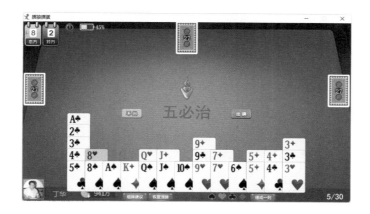

现在用逢人配组10JQKA的顶天同花吗？但这样就没有头牌了，总不能全靠炸弹说话吧，所以组10JQKA的同花不可取。

我们可以这样组牌：

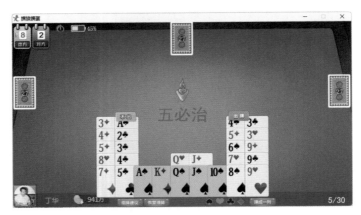

改组34567方块补缺同花，45678的杂顺，以及10JQKA的杂顺。其中10JQKA是天然头牌，肯定有牌权的，而且还能掩护小顺子。这样头游的机会就大多了。

组出头牌的数量越多越好，这个很好理解。但如果两种方案，组出的头牌数量相同，又该如何选择呢？请看下一篇。

第74篇 组大牌的原则二：整体牌点越大越好

来看这个例子：

可组45678加单9，也可以组56789加单4。反正都不是头牌，而且都是要跟着走的牌，那组45678和单9更好一些。

因为45678按牌点8来算，整体牌点8+9要大于9+4。也就是说单9比单4更容易跟走，而45678和56789，跟走的概率相差不多。

当然，如果上家走45678的顺子，那我们就跟56789的顺子。

复杂一点的例子：

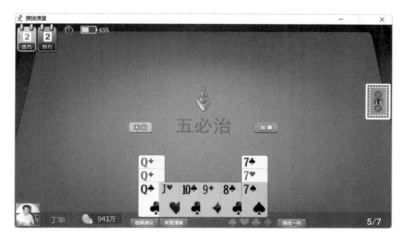

优先组78910J的顺子，外加三张Q带对7。而不是8910JQ的顺子，外加三张7带对Q。

这是单顺的灵活变化，再来看木板（双顺）的例子：

可组456的木板加对7，也可以组567木板加对4。同样的道理，组456木板加对7比较好。

当然，如果有大的光三可以带走小对子，那就组567木板加对4。

钢板（三顺）的情况也差不多，来看这个例子：

组34钢板加三张5更好一些。

所以结论是：如果有长套的单顺、双顺或三顺，顺子可以组小一点。这个技巧，可以简称为长套组小顺。

更复杂一点的，是带下放的情况。来看这个案例：

当前打9，由于A是下放的，这样的长套还组小顺，就不对了。

应该组23456加单A，避免下放。这样不仅顺子大一级，单张也大多了。

再来看级牌下放的案例：

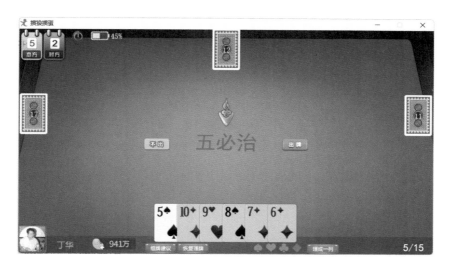

当前打5，同样的道理，组678910加单5为好，而不是56789加单10。

总结一下，要想把牌组得大一点，有两个诀窍：

第一，长套组小顺；

第二，尽量不下放。

这样整体牌点可以大一些。但如果整体牌点差不多，组牌就要看其他因素了。

接下来继续学习组大牌的原则，请看下一篇。

第75篇　组大牌的原则三：大火宜拆

组火有个原则，叫小火大轮次。也就是说，我们宁愿组四张3的小火，也不去组四张A的大火。因为三张A带一对，很可能是头牌。

这个原则，从相反的角度看，如果有K及以上的大火，就要有拆开的意识，也就是大火宜拆。来看这个案例：

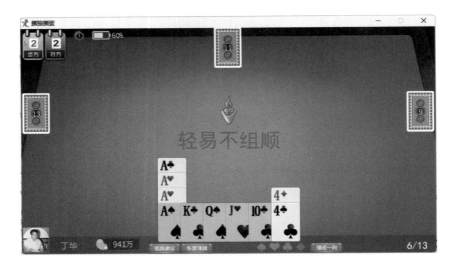

有四张A的大火，那就要有拆开用的意识。组10JQKA的天然头牌，再加上三张A带对4的可能头牌。

再来看五张A的情况，仍然要有拆开用的意识：

当前打9，可组三张A带对6的可能头牌，外加123的木板。即使123不大，但一次处理掉对2和对3的赘牌，也是很划算的。

最后再来看一个案例：

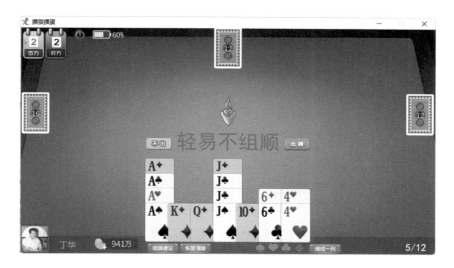

有四张A，要有拆开用的意识。正好组10JQKA的方块天然同花，三张A带对6的可能头牌，以及三张J带对4。

和组两火相比，在力量上差不多，但在赘牌和手数上，就好太多了。

以上的例子，都是A的大火。其实参谋火和K火，有时甚至是Q火，也要有拆开的意识，我们就不举例说明了。

接下来继续学习组大牌的原则，请看下一篇。

第76篇　组大牌的原则四：轻易不组顺

顺子的进攻能力接近夯，但顺子的防守能力，就差夯太多了。所以有"轻易不组顺"的口诀。

其实细究起来，轻易不组顺共有以下三个方面的原因。

第一，顺子灵活性差。除了防守顺子，和狠狠心拆开大顺子防单张，其他的牌型一概难以应对。

第二，顺子很容易被提前发现。特别是含有参谋和A等大牌的顺子。来看这个案例：

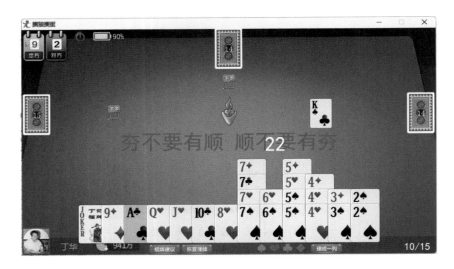

现在外面只有一张级牌9没出来，而且肯定不在对家。面对下家的单K，此时上A正是检验它的好机会。

如果不见级牌的身影，那几乎可以肯定，外面有含9的杂顺或同花，这就是传说中的"孤张定律"。具体是杂顺还是同花，又是在谁手里，还需要根据其他信息来辅助判断。

在判断顺子方面，我们之前讲过，"孤张定律"比"五十定律"要更好用一些。

第三，组顺子容易损失大牌。下放A就损失A，下放级牌就损失级牌，如果再用掉一张逢人配，那组这样的杂顺，其实意义就不大了。有时甚至是组同花，意义都不是很大。来看这个案例：

如果组12345的黑桃同花，下放了A，又下放了级牌，还用掉了一张逢人配。那这样的小同花，同样难以变化，而且损失了很多大牌，实在是没有什么意思。

虽然组顺子有这么多不足之处，但组顺子也有很多优点。比如，顺子是处理单张赘牌的有力武器。

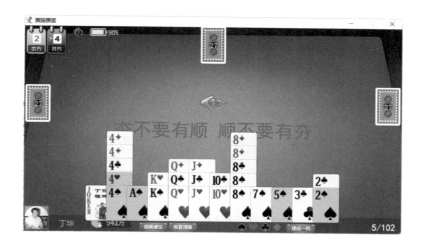

限于篇幅，更多组大牌的技巧，请联系笔者学习专题视频课程。

牌力公式的第三个要素是赘牌，接下来我们学习处理赘牌的技巧。请看下一篇。

第 77 篇　赘牌的定义：狭义与广义

我们之前讲过坐轿牌和赘牌，当时对赘牌的定义是：不大可能顺走的牌，特指6以下的对子和10以下的单张。

但这是狭义的赘牌。从广义上讲，凡是"有还不如没有"的牌，都可以称为赘牌。有时大王、炸弹也可能是赘牌。来看这个局面：

这是"残局逼炸为先"中的案例。南家的四张4就是广义的赘牌，有还不如没有，有了反而容易犯错误。

不可能顺走的小牌，从广义上讲，也不见得就是赘牌，有时反而非常宝贵。来看这个案例：

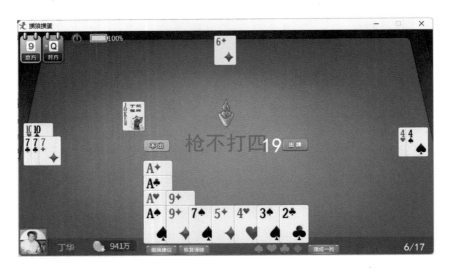

这是"组牌和定位哪个优先"中的案例。现在上家大王闯关，南家必须开炸，之后传出单2，即可送对家头游。但如果南家手里没有6以下的小牌，反而会失去胜利的果实。

可见，究竟什么牌是赘牌，需要我们辩证地去看待。

但在组牌的环节，我们说的赘牌，特指狭义的赘牌。由于在牌力公式中是减分项，小单和小对子的赘牌，就成了我们重点消除的对象。请看下一篇。

第78篇　单张赘牌的消除利器：顺子

碰到相邻或相近的两个或以上的单张，第一感就是组顺子。来看这个局面：

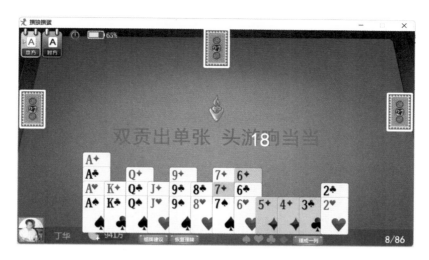

南家有3、4、5的单张，那组34567的顺子不用多想。一次性解决掉多手赘牌，这是顺子独有的优势。

除了消除单张，顺子还有以下两个优点。

第一，只有领头的牌点参与比较大小，其余的牌点不参与。无形中消除了小牌，提升了牌力。

第二，由于分档少一些，加之下放机制的存在，顺子更容易坐大。大顺子到A就登顶了；小顺子34567看似很小，但还有两个更小的"兄弟"。

再来看双顺的情况：

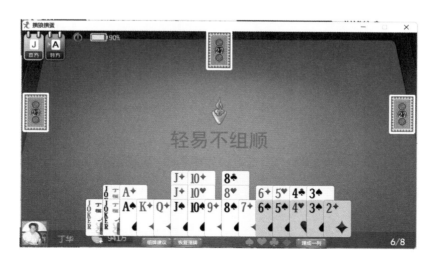

这种"122221"的牌型，马上反应可组出两个顺子，以消除单2和单7的赘牌。

以上的例子比较简单，但下面这个就有点难了。

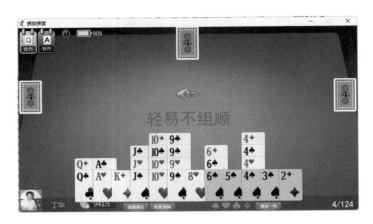

如果组23456的顺子，会损失四张4的炸弹，这时就面临"保轮次"还是"保炸弹"的选择。

通常来讲，牌强保轮次，有利于进攻争头游；牌弱保炸弹，有利于助攻为对家。

再来看一个有难度的例子：

可组23456的杂顺，单张赘牌从两个（2、6）减少到了一个（3），但又多出了一手对子赘牌。

由于牌力并不强，这种牌最好保留变化：既能组出小顺子，也能组出小夯和小钢板，在必要的时候可传牌给对家。

把赘牌组成杂顺已可满意，但还有更满意的情况。

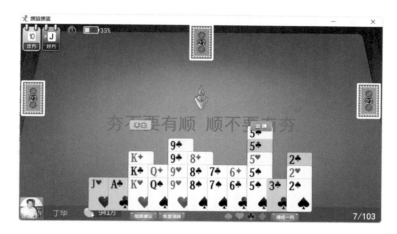

注意下放的可能，用单3的赘牌，组成草花12345的同花顺，那是再满意不过了。"垃圾"变成"黄金"，有谁不爱呢？

消除单张赘牌的办法有了，但对子赘牌怎么办呢？请看下一篇。

第79篇 对子赘牌的消除利器一：夯

单张赘牌可以藏身在顺子的队伍里，而对子赘牌则可以藏身在夯的队伍里。来看这个案例：

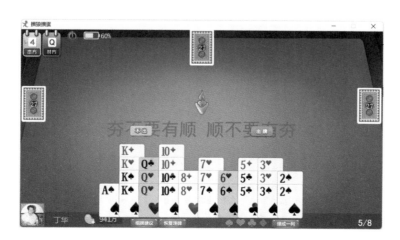

南家可组三张3带对2、三张Q带对6，由于对子并不参与夺的大小比较，这样赘牌的对子就被消除了。

特别是小对子跟着大光三，很有点狐假虎威的感觉。不过，这样的夺，灵活性稍差一些，原因我们在第三部分再讲。

这是简单的例子，下面看一个稍微复杂一点的例子。

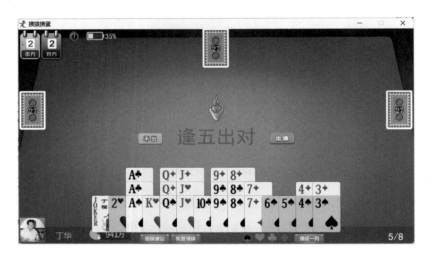

组34567的黑桃补缺同花显然不好，剩下单3、4的赘牌。

如果把黑桃向上延伸，组56789的补缺同花，剩下对3交给三张J带，对4交给三张A带，这样对子赘牌就全都被消除了。所以，这个方案比较理想。

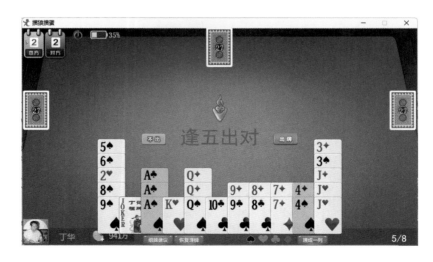

最后，来看一个更复杂的例子。

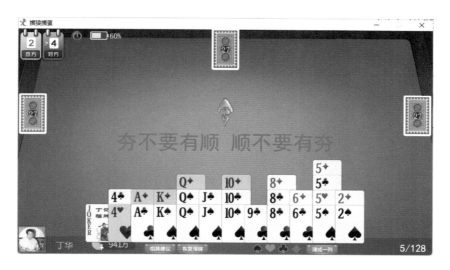

如果组10JQKA的方块补缺同花，再组8910JQ和10JQKA的杂顺，虽然没有单张赘牌，但对2和对6的赘牌就都剩下了。

改组8910JQ草花补缺同花呢？虽然三张Q可带走对2的赘牌，但是还有对6等五个对子，牌型过于单调。

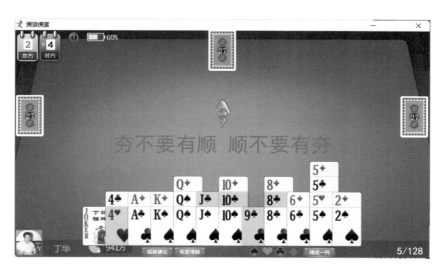

干脆都组夯吧：

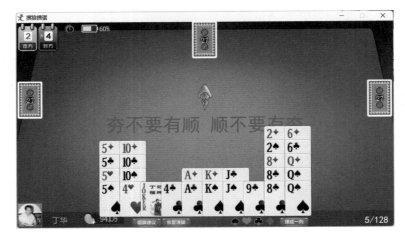

这次对子赘牌是都消除了，但有单9的赘牌，而且炸弹的质量不高。综合权衡下来，还是下面的组牌方案较为理想。

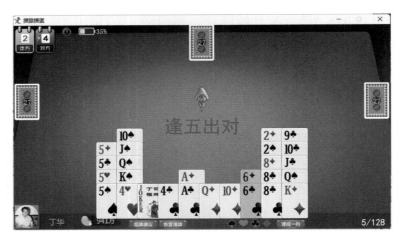

虽然对6的赘牌还是剩下了，但至少有对A可以掩护，而且炸弹质量有保证，910JQK也有可能大一手。牌力中等偏上，牌型丰富有层次，可以争一争头游。

除了夯可以消除对子赘牌，还有一种牌型能胜任此任务。请看下一篇。

第 80 篇　对子赘牌的消除利器二：木板

木板是比较少见的牌型，有较强的进攻能力。如果连续的对子赘牌可以组成木板，那是再合适不过了。来看这个案例：

如果用夯消除对2和对5，就太普通了。不仅单张赘牌较多，而且炸弹没有层次。

可以这样组牌：

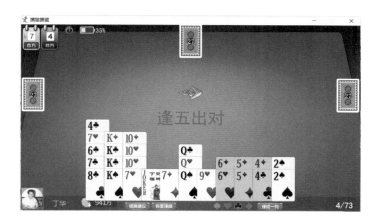

组45678的草花补缺同花，三张Q带对2，以及456的木板，这样只有单9赘牌，炸弹质量有提高，而且木板更有攻击性。美中不足的是，由于下放了级牌，对子成了弱路。

由于木板也属于顺牌，要特别注意A下放的情况。来看这个案例：

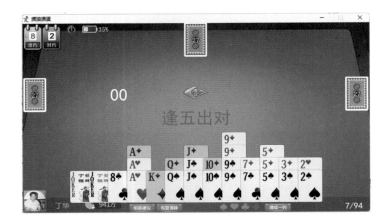

先组出10JQKA方块顶天同花，剩下的对A，正好组123木板，一次消除两手对子赘牌，还是很合适的。

但是，如果打2或打3，再组123木板就不一定合适了。下放两个大对子，去消除一个小对子，木板123再被打住，那就不如打对子直线掩护了。

除了顺子、夯和木板可以消除赘牌，还有更厉害的手段。请看下一篇。

第81篇　赘牌的杀手：逢人配

逢人配除了组炸弹提升牌力，第二大作用就是补缺消除赘牌。来看这个案例：

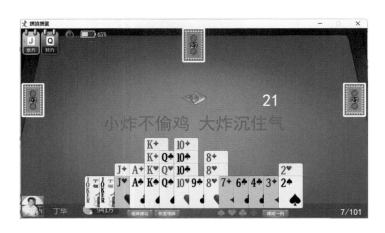

逢人配组34567的杂顺，一次减少四手赘牌。这张逢人配简直是来救"命"的。

除了能补缺顺子消除赘牌，逢人配还可以补缺木板消除赘牌。来看这个案例：

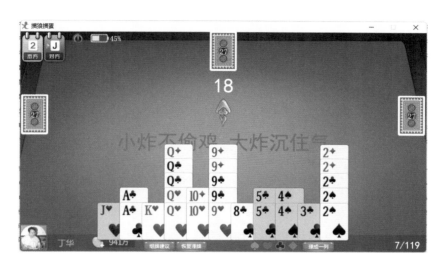

逢人配组345的木板，一次减少三手赘牌。由于木板还具备一定的攻击能力，这样组牌非常满意。

逢人配不只补缺顺子、木板，还有两种补缺夯的情况，在实战中也很常见。先来看第一种情况：

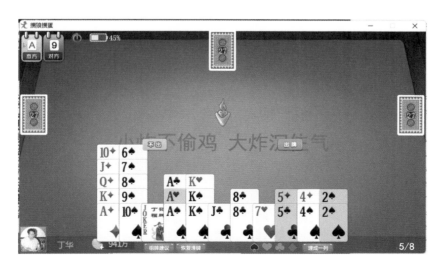

逢人配可以组四张K的炸弹，但这样剩下的对子赘牌就太多了。可以改组三张5带对2、三张K带对4，对子赘牌同样都被消除了。

再来看第二种情况：

逢人配组三张A带对7，实际上是组对子消除单7赘牌了。由于有组炸弹的变化，这种变化常常保留到牌局后期。早期用A夯抢夺牌权偶尔可见，但自己早早空放这样的A夯，基本见不到。

逢人配消除赘牌的方式如此之多，所以堪称赘牌的杀手。如果自己牌力较强，能用逢人配消除多手赘牌，当可满意。但如果牌力较弱，那就不如用逢人配组炸弹，来给对家助攻了。

除了通过组牌来消除赘牌，赘牌还有其他的处理方式，限于篇幅，我们就不展开了。更多处理赘牌的技巧，请联系笔者学习专题视频课程。

到这儿，牌力公式的三要素：炸弹、大牌和赘牌，我们都已经学习了。这三要素为我们的组牌，提供了方向性的指引。

熟练掌握控牌技巧和组牌技巧，掼蛋水平就算是进阶了。当然，掼蛋的技术环节还有很多，究竟掌握多少环节的技巧，才算是进阶水平，并没有明确的界限。

更多的技术环节，我们一起进入"掼蛋精通"部分吧。

第三部分

掼蛋精通

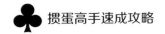

第 82 篇　记牌的作用与多重境界

就算拥有再好的武器和战术技巧，如果不搜集情报，仗也是很难打赢的。记牌对于掼蛋，就扮演着搜集情报的角色。

第一个问题，记牌都有哪些作用呢？

记牌的作用

➤ 作用一：了解自己的牌力变化。

➤ 作用二：根据明牌，结合自己手中的牌，来推断别人手中的暗牌。

可以说，记牌就是为了做到"知己知彼，百战不殆"。因此不记牌是打不好掼蛋的，"打牌不记牌，等于瞎胡来"。

接着问题来了，要记什么牌呢？

明牌与暗牌：明牌是记牌的目标

➤ 明牌：进贡与还贡的牌，加上斗牌过程打出的牌，统称明牌。明牌是已知的信息。

➤ 暗牌：除了明牌外，别人手里没有打出的牌，统称为暗牌。暗牌是未知的信息。

明牌是记牌的目标，具体的种类如下。

1. 记大牌

了解自己的牌力变化，同时判断别人相应牌路的强弱。

参见前文"记牌的作用之一：掌握登基牌"。

2. 记小牌

避免过度防守，损伤牌力，能更有效地控制对方。

3. 记炸弹

推断外面还有没有炸弹，这是冲刺阶段制定合理战术的前提。

4. 记牌路

判断别人牌路的强弱，尽可能地避免出错牌。

5. 记其他牌

比如记关键张5和10，用来推断顺子。

记牌的境界

记牌能力越强、推断能力越强，牌技也就越高。有以下几种境界。

➢ 入门：认识到了记牌的作用，开始有意识地记牌。

➢ 进阶：记牌的数量和种类逐渐增多。

➢ 精通：记牌的数量和种类比较全面。

➢ 掼神：啥都记住了，神一般的存在。

下面，我们根据记牌的种类展开来了解。请看下一篇。

第83篇　记大牌

什么是大牌？

最大的五个牌点：大王、小王、级牌、A、K。

Q、J、10，也可以算是大牌。如果记忆力超强，也可以挑战记住这些牌。

记大牌最重要

首先，记大牌更容易。进贡环节，就能很大程度上表明大牌的情况。

其次，大牌更能影响胜负结果。大牌登基，意味着动态牌力的增长。

入门要求：记4张王

1张大王出过，对小王已登基，可以用来闯关。

2张大王出过，单张小王已登基。

4张王出过，级牌已登基。

大小王各出1张，对级牌已登基。

记住4张王，大多情况下就够用了。

进阶要求：记4张王+8张级牌

同理，可以掌握A的登基情况。

特别情况下还与留风有关，试举一例：

点评：南方知道4张王已出，2已登基，用2闯关即可拿头游，但留的是软风，队友必然是末游，己方只能升1级。但如果知道2已出7张，自己的2是唯一的登基牌，则先出9采取听牌胜的方式，给对家留硬风，即可打对方双下，己方连升3级。两相比较，差别可谓是巨大。

精通要求：记4张王+8张级牌+8张A+8张K

除了掌握Q的登基情况，这样还有利于推断全类型的大牌。和其他记牌相结合，可以说99%的情况下，都够用了。

掼神要求：记住所有10以上的大牌

这个太难了，需要专业训练。

记大牌最重要，其次是记什么牌呢？这个问题颇有争议。请看下一篇。

第84篇　记小牌

什么是小牌？

最小的五个牌点。打2时，34567是小牌。但五个小牌点，并不需要全都记，挑重要的记就可以了。

为什么记小牌？

到了残局阶段，往往手里会有小牌。原因有：一、小牌跟出去的机会少；二、有意不出，以控制下家。来看这个局面：

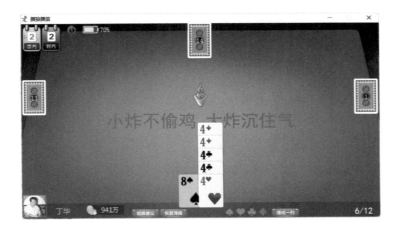

类似的局面在实战中很常见：尾牌被下家干扰，或是上家正在传牌，南家就面临两难的选择。打单8怕防不住下家，出五张4的炸弹呢？又怕过度防守，上家有更大的炸弹就麻烦了。但如果能记住并推算出，下家是单4的小牌，那一切就很简单了。

入门要求：对记小牌没有要求

有观察小牌的意识就足够了。

进阶要求：记最小8张牌

由于A下放机制的存在，记住最小的8张牌，勉强可以推断出全类型的小牌。

精通要求：记最小16张牌

基本可以推断出全类型的小牌。

掼神要求：记住所有小牌

这个同样太难了。

大牌和小牌是要记总数的，但其他种类的记牌，一般就不需要记总数，只需要重点观察就可以了。请看下一篇。

第85篇 记炸弹

炸弹的威力巨大，可以用来及时控制局势。

如果推定对方已无炸弹，那冲刺就相对容易多了。有道是"外面

无炸轻飘飘"。

记炸弹的作用

作用一：推定外面还有没有炸弹，这是冲刺阶段制定合理战术的前提。

作用二：推定头炸的余牌在谁家。

入门要求：某家是否出过炸弹

如果没出过炸弹，则很可能还有炸弹。

如果后期还没出炸，则一般至多有一炸。

进阶要求：出过的最大炸弹

起步出5头炸，那4头炸就不大可能有了。

后期的同花炸，可能是最后一炸。

出了10JQKA的同花炸，则还有炸弹的可能就很小了。

出了6头炸，几乎可以断定没炸了。这从侧面说明："有大炸沉住气"，不要暴露太早。

精通要求：逢人配出过的张数，出过的所有炸弹及时间

逢人配常用来配炸弹，如果还没出尽，则外面很可能还有炸弹。在记大牌时，稍加注意即可。

成头炸了，再成3同牌的可能就不大了。比如出过4张A，则再有AAA的三带对可能性就很小。

头炸本身和附近常有赘牌，注意卡位。

很早就出炸，肯定还有炸。

掼神要求：推断头炸的余牌在谁家

比如，你有4张9，对家出过单9，上家出过对9，则剩余一张9很可能在下家，不组顺子就是单张，注意防控。

记住所有头炸，留意其余牌并作出相应判断，无疑就是大神了。

记大牌和小牌务求精准，但记炸弹没有这么高的要求。通常做到尽可能多地去记就可以了，记牌路也是这样。请看下一篇。

第86篇　记牌路和记其他牌

记牌路的作用

作用一：了解其他人的牌力和牌路强弱。

作用二：推断余牌组成。

入门要求

记住某家先发的牌路。先发什么牌路往往表明了他的牌力和意图。

➢ 先发小单张且不控下家，一般表明牌力强。大牌少但连续发单张，不是炸弹多就是有巨炸。

➢ 先发对子之后不接手，一般表明牌力不强，起侦察作用。连续发对子，对子就是强路，牌力不一定弱。

➢ 先发三带对和顺子，往往有接手牌。

➢ 先发木板和钢板，一般是期望对方不开炸。

➢ 对方的意图要阻断，对家的意图被阻断后要助力接续。

进阶要求

注意三带对牌路。

1. 判断余牌。比如，对家出33399，上家用99944盖，你有一对9，则剩余一张9很可能在下家。

2. 带对K，则手中的对子不多了。

3. 出了22233，则对子可能没有登基牌了。

精通要求

➢ 记住某家没出过的牌路和弱路。

从没出过单张，很可能还有单张。

之前不吃对子，很可能手中没有对子。

➢ 如果跟牌，跟的是多大的牌，特别要注意单张和对子的跟牌点位。

下家剩2张，你先出单张不算什么，敢出对子才是高手。

下家余5张，你先出对子不算什么，敢出三带对和顺子才是高手。

对方登基后报5张，你开炸不算什么，放他出牌还打他下游才是高手。

掼神要求

记住所有轮次的出牌及过程，一副牌结束后可以准确地口述斗牌过程。

到这个水平，谁手里剩余什么牌可谓是明察秋毫。

掼蛋的复盘难度很大，一是不像象棋、围棋有固定的初始状态和常见套路，二是每次出牌不会思考太久，所以印象不深。一句话：掼蛋能复盘者真神人也。

记其他牌之记关键张

5和10是顺子的关键张，因为顺子中必含5或10。8张10出完了，则你的56789杂顺很可能已经登基（除非逢人配组杂顺）。

关键张可以和大牌一起记，但难度很大，也属于神级的要求了。

记其他牌之记缺张和单张

你手中的缺张，外面可能成炸；你手中的单张，外面可能有三带对。注意观察其分布情况。

记缺张和单张可作为进阶要求。

记其他牌之记进贡回贡牌

对于胜方：掌握进贡方最大的牌，还要观察回贡牌的使用，以提升回贡技巧。

对于进贡方：应尽快消除回贡牌这个记牌目标。比如对方回贡黑桃7，你本身有红桃7，先发45678杂顺优先使用黑桃7。

记进贡回贡牌较为容易，可作为入门级要求。

再次强调：记牌是为了"知己知彼"，经过进一步的计算和推断，以作出合理的决策。要避免"为记牌而记牌"的现象，因为大多数的情报并不左右战斗的胜负，大多数的记牌同样无关掼蛋的输赢。只是我们事先并不知道，哪些记牌更为关键而已。

要记这么多种类和数量的牌，那我们怎么才能做到呢？如果记牌就耗费了太多的脑力，那很可能是得不偿失的。请看下一篇。

第87篇 记牌方法一：挡位法，轻松记住四张王

挡位法的灵感，源自手动挡汽车的挡杆：

左脚垂放为空挡，代表大王出了0张；

左脚前伸为1挡，代表大王出了1张；

左脚后撤为2挡，代表大王出了2张；

右脚垂放为空挡，代表小王出了0张；

右脚前伸为3挡，代表小王出了1张；

右脚后撤为4挡，代表小王出了2张。

优点：不费脑力记住四张王。任何时候，根据自己脚的位置，就能轻松知道王的情况。

有掼友说了：连四张王都记不住，还打什么掼蛋啊！但是，我们要知道：

（1）记忆能力因人而异，有很多爱好者，的确记不住四张王；

（2）前10副牌能记住，不代表后10副牌也能记住，人的精力很难一直保持旺盛的状态；

（3）当手里无王，且到最后还有王没出来时，大多数人是犯晕的。仅凭印象就能记住四张王，大多是因为自己手里有王，且外面的王早早都出来了。

当然，掌握挡位法也不是简单的。掌握技能和掌握知识不同，技能是需要大量练习的。学习再多的游泳知识，但不下水练习，是不可能学会游泳这项技能的。

把挡位法扩展一下，就可以记更多的牌。请看下一篇。

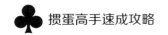

第88篇 记牌方法二：九宫法，不费脑力记 AK

九宫法的灵感，源自挡位法。挡位法只用到了中间的三宫，扩展到九宫，就能记住更多的牌。

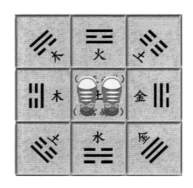

双脚在九宫中不同的位置，代表不同的状态，总共可以有九九八十一种状态。用这些状态编码，有掼友就能把大牌记到A和K。

编码方案试举一例，仅供参考。用左脚记A，用右脚记K。脚在中宫代表外面没有A或K了；脚在其他八个位置，分别代表外面还有1～8张牌。

九宫法的优点：和挡位法一样，不费脑力。打牌的时间再长，记牌也不容易出差错。

缺点也很明显：难度与编码方案有关，但就算是最简单的编码方案，也需要大量的练习才能掌握。不过一旦练成，掼蛋水平会获得显著的提升。

大牌中的王、A和K都有办法记了，但级牌怎么记呢？请看下一篇。

第89篇 记牌方法三：手势法，不费脑力记级牌

手势法比较简单，本来从 0 到 9，就有对应的手势表达，我们用前8种就可以了。

在手机或电脑上打牌，有一只手是空闲的，就可以用手势法来记级牌出了多少。

但在线下打手抓牌时，一只手要握牌，另一只手要理牌并出牌，就有点难用了。解决方法也简单，就是在出牌时，先记住之前的手势，等出完牌之后再恢复手势，这样就没有问题了。

手势法的优点：同样不费脑力，打牌的时间再长，记牌也不容易出差错。

手势法的缺点：一是会稍微影响出牌的速度；二是动作幅度较大，编码较通用，容易被别人识别并利用。

除了用手脚来记牌，在打手抓牌时，还可以用牌来记牌。请看下一篇。

第 90 篇　记牌方法四：信号牌法，不费脑力记逢人配

信号牌法常用来记大小王或逢人配，比如上图的这手牌，要记外面还有大小王各一张，如何用信号牌表示呢？

上半区和下半区，各选一张牌作为信号牌。比如用黑桃6作为大王的信号，方块8作为小王的信号。把6和8拨高，就代表外面各有一张大小王。

如果外面大王出了一张，就把黑桃6的信号牌下压到正常位置。如果外面小王出了一张，就把方块8的信号牌下压到正常位置。

如果信号牌被打出去了呢？可以用其他牌来替代信号牌。

这是通过上下位置的变化，来记数量较少的牌。当然，也可以通过左右位置的变化来记牌。

把黑桃6和方块8放在最左边，代表外面各有一张大小王。

把方块8移到最右边，代表外面出了一张小王。

又有人说了，记大小王或逢人配用得着这么麻烦吗？对这个问题的回答是：

1.参照前面对挡位法质疑的回答；

2.重要的是开脑洞，而不是具体的方法。也许你能想出来更好的方法。

信号牌法的优点：同样不费脑力，可以让你有更多的精力去计算和推理。而且打牌的时间再长，记牌也不容易出差错。

信号牌法的缺点：

1.有点麻烦，特别是连理牌都困难的掼友，不仅麻烦还累手；

2.只能记数量较少的牌，数量较多的牌没法记，比如八张A，怎么去设计信号呢？

3.适合的场景有限，在电脑、手机上打牌时没法用。

虽然信号牌法不能记数量较多的牌，但受它的启发，又有了新的方法。请看下一篇。

第91篇 记牌方法五：刻度牌法，不费脑力记更多牌

数量少的牌有信号牌法来记，但数量多的牌怎么记呢？这就要用到刻度牌法。

还是这副牌，如何记A和K呢？方法如下：

1. 选择一手四张或五张的牌型，作为刻度牌，放在最左边。刻度牌，最好是不太可能早早打出去的牌。比如大同花、小顺子、较大的头炸等。

2. 将要记的牌，插放在刻度牌之内。不同的位置，代表着不同的数量。

举例如下。

选择四张 Q 作为刻度牌，放置在最左边。

将三张A放置在第1张Q和第2张Q之间，代表外面还有1或5张A。

但为什么一个位置要代表两种状态，这样不是很容易混淆吗？这是因为，四张的刻度牌好找，八张的刻度牌就太难找了，实属不得已而为之。好在凭印象还是能区分出，外面究竟是1张A还是5张A。

继续将四张K放置在第四张Q上面，代表外面还有四张K。

外面出了一张A，将三张A上移一格，也可以回到另一头，和四张K放一起，代表外面还有四张A。

外面出了对K，将四张K上移两格，放置在第2张Q和第3张 Q之间，代表外面还有两张K。

刻度牌法的优点：

1. 同样不费脑力；

2. 可以记更多的牌，比如把 J 放在刻度牌内相应的位置，就可以记 J 了；把小牌3放在刻度牌内相应的位置，就可以记小牌3了。

刻度牌法的缺点：

1. 需要将牌调来调去，比信号牌法还累手；

2. 将刻度牌打出后，需要重选刻度牌并重放目标牌，也是挺麻烦的；

3. 如果手里的目标牌打出去了，就需要替换目标牌，比如自己的三张A出了，还需要记A的话，就要用4或其他牌替代；

4. 和信号牌法一样，不适合线上使用。

刻度牌法，纯粹是个手上的功夫。练熟之后，把大牌记到10也是有可能的。就记牌数量来讲，刻度牌法的优势是其他方法无法比拟的。

对于喜欢线下打掼蛋的朋友，这是一个值得刻苦练习的方法。

不费脑力的记牌方法，我们学习得差不多了。还有一些记牌方法，多少耗费一些脑力，但也值得了解。请看下一篇。

第92篇　记牌方法六：计数法，一学就会

计数法，在《掼蛋技巧秘籍》第40篇有提及。

为目标牌A、级牌、小王、大王在心中各设一个计数，每出一张牌，相应的计数加1，有点珠算的味道。

举例如下。

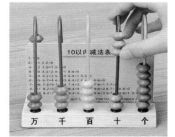

初始状态：0,0,0,0，分别代表A、级牌2、小王、大王出过的数量。

南家领10，东家出A，计数更新为1,0,0,0；

北家用2盖，计数更新为1,1,0,0；

西家用小王盖，计数更新为 1,1,1,0；

南家用大王收，计数更新为1,1,1,1；

南家上手出对A，计数更新为3,1,1,1；

东家用对2盖，计数更新为3,3,1,1。这样结合自己手中的牌，很容易知道：

（1）外面还有什么大牌没出来；

（2）自己手中的什么牌已经登基了。

计数法优点：

（1）只需要记住四个数，如果四张王在早期很快出完，就只需要记住两个数；

（2）大牌种类一次不会出太多，一般只有1个计数需要更新，很少会出现222AA、A2345等需要同时更新两个计数的情况，所以比较容易掌握；

（3）应用范围广泛，和挡位法、九宫法、手势法一样，既适合线上使用，也适合线下使用。

计数法的缺点：

（1）需要一直在心里默念计数，以防遗忘，由于分散了注意力，多少会影响对牌情的观察。对牌情的观察有时也称为牌感。

（2）需要做加法计算，多少耗费一些脑力。

如果掌握了挡位法、九宫法等不费脑力的记牌方法，其实并不太建议用计数法记牌。但计数法胜在简单，一学就会。如果把目标牌减少到1~2个，尽可能地抑制缺点，那计数法仍不失为一个非常好的记牌方法。

以上六种记牌方法，是普通人都可以掌握的记牌方法。但如果记忆大师打掼蛋，他们会用什么方法记牌呢？请看下一篇。

第93篇　记牌方法七：定桩法，记忆大师的记忆方法

在记忆大师的脑子里，可以有成百上千个记忆桩，也称为记忆宫殿。他们就是用这些记忆桩，来拥有超乎常人的记忆能力的。

常见的记忆桩有车站桩、小区桩、房间桩、身体桩等。我们以身体桩为例，用不同的身体部位，代表不同的牌点数量。

眼：2　　　　　　　　　　　　头：1
嘴：4　　　　　　　　　　　　鼻：3
脖子：6　　　　　　　　　　　下巴：5

胸：7

腹：8

比如要记牌点5，自己手里有三张5，外面还有五张5。那可以想象：下巴上粘了一张5，或者用手摸一摸下巴。

当有人打出两张5，下巴上的5向上移两格：先移到嘴，再上移到鼻孔。也可以做一下拱鼻的动作，代表外面还有三张5。

助记方法：

1：一（1）个头

2：两（2）只眼睛

3：鼻子是三（3）角形的

4：嘴大吃四（4）方

5：下巴上有胡（5）子

6：脖子光溜（6）溜

7：胸器（7）

8：八（8）块腹肌

定桩法的优点：

1. 用途十分广泛，学会之后可以用在生活的方方面面；

2. 更适合记忆自带顺序的目标。

定桩法的缺点：

1. 记忆数量有限，一次只能记一个牌点；

2. 多少耗费脑力，由于无法保持姿势，需要能回想起来上移到哪个位置；

3. 记忆残留问题，上一副牌的记忆有残留，可能会混淆当前一副牌的记忆。

虽然用其他记忆桩轮换，可以缓解这方面的问题，但又增加了复杂度。

除了定桩法，记忆大师还有另一种法宝。请看下一篇。

第94篇　记牌方法八：图像法，记牌路和顺序

脑科学的研究表明，人类对动作和图像的记忆比较敏感。基于这个特点，我们将牌路转换成图像，然后放在记忆桩里，就可以记住某个人出过的牌路及顺序。这样，更能发挥记忆桩的顺序优势。

举例：上家领出三张3带对5，转换成图像是珊瑚。

和身体桩结合起来就是：上家头上戴了个红色珊瑚当帽子，非常搞笑。

有了这个记忆，就算打到残局，我们也能知道，上家第1次出的牌路是三张3带对5。

图像编码共有三种：

1. 初级15张，分别代表15个牌点；

2. 中级88张，珊瑚就是其中一张；

3. 高级230张，普通人很难记全。

用15张简化图像+定桩法，只记某个人的先发牌路，普通人也是可以掌握的。

由于图像法的难度较大，因此只适合极少数人练习使用。对此感兴趣

的掼友，可以联系笔者获取全部的图像编码方案。

同理，掌握了这个方法，可以大大提高记忆能力，不仅能用于掼蛋，还能用于工作和生活的很多方面。

到这儿，掼蛋记牌的方法就介绍得差不多了。当然，记牌的方法肯定不止以上八种，但所有方法的原理都大同小异。我们选择八种当中自己最舒服的2～3种方法，搭配起来勤加练习，练熟到不假思索的程度，就可以达到"飞花摘叶，皆可伤人"的境界。

限于篇幅和形式，有些记牌方法难以细讲。想详细了解记牌方法的掼友，可以联系笔者参加掼蛋中级记牌训练营和掼蛋高级记牌算牌训练营。中级营教一套不费脑力记28张大牌的方法，高级营教授记16张小牌、记轮次、记重点观察张的方法以及算牌的心法。掌握这些方法，可以在短时间内，快速提高掼蛋的记牌和算牌水平。

通过对几千名学员的记牌训练，我们总结出几个训练的关键点。请看下一篇。

第95篇　练习记牌的四个要领

记牌的方法虽多，但如果训练不得要领，很可能事倍功半，甚至半途而废。

要领一：先固化，再优化

初次接触记牌方法的掼友，在没有理解记忆的原理、没有对记牌有全面的认识之前，很容易对现有的记牌方法做出定性的评价和自己的优化。但这是不明智的，比如优化了挡位法，导致九宫法无法练习。

正确的顺序是，先全面学习记牌方法并严格按方法练习，最后再结合自己的特点进行优化。

在认识事物的5W1H六问题中，记牌方法属于How问题。How问题不像Why问题那样较为固定，确实需要根据时代和个人情况去优化，但优化也要有顺序。

要领二：先单练，再合练

为了实现记牌目标，需要把多种方法搭配起来训练。比如挡位法、手势法和九宫法搭配，可以把大牌记到K。但在练习的时候，我们要先把一种方法练熟，再去练习下一种方法。所有方法都练熟之后，再合起来练习，直到整体上纯熟自如。

这和学打乒乓球类似，先练正手再练反手，把各项基本功都练扎实，最后再结合起来一起练。

要领三：打练分开

练的时候，只练不打。忌在练熟之前，就在实战中加以运用，结果手忙脚乱，进而对方法产生怀疑。这和不拿驾照就上路，容易出事故是一样的道理。但练习记牌，显然比拿驾照容易多了。

怎么做到打练分开呢？方法有二。

1. 使用掼蛋单机版，和电脑打掼蛋，重练不重打。电脑不会指责，不会厌烦，会一直陪伴你训练。如果在实战中练习记牌，由于分心会影响打牌，对家一指责你，你哪还有心思练习记牌呢？有需要下载掼蛋单机版的掼友，可以和笔者联系。

2. 看掼蛋电视节目练习记牌。根据南家的牌做记牌练习，过程中随时看其他家的牌，以检验记牌的效果。

要领四：不贪多求全

记牌的数量不是越多越好，不能为记牌而记牌。随着记牌数量的增加，记牌的边际收益有递减的趋势。什么意思呢？就是花同样的成本，但收益会越来越低。比如大牌记到A，90%的情况下就够用了；多记一张到K，95%的情况下就够用了，收益增加了5%；多记一张到Q，96%的情况下就够用了，但收益只增加了1%。

基于这个原因，我们要为自己设置一个合适的记牌目标。通常，我们的记牌能力，超过经常一起打牌的人就可以了。别人大牌记到A，那我们就记到K；别人大牌也能记到K，那我们就记小牌或其他牌。

对记牌练习的常见诟病是：只会记牌不会算牌，记牌又有什么用呢？但算牌是另一个技术环节，而且是以记牌技术为基础的。请看下一篇。

第 96 篇　动态算牌的三个步骤

记牌的能力再强，但如果不会算牌，记牌的威力顶多只发挥了一半。来看这个案例：

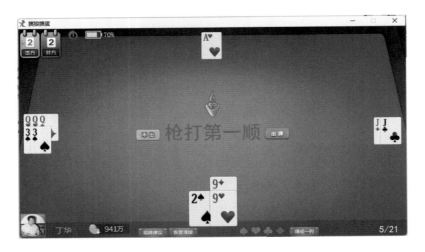

南家先出级牌2闯关，再出对9，即可轻松拿到头游，但这样对家就是末游了。

如果南家不仅记得外面有一张A，而且还能算出是在对家手里，就会先拆出单9传牌。等对家头游后，南家再用级牌2登基，这样就可以打东西方双下了。

两相比较，可见算牌的重要性。那究竟如何算牌呢？我们先来看算牌的定义。

算牌是指随着斗牌的进行，牌手对具体牌点的分布计算，从模糊猜测到精确判断的一个过程。如果最后只剩下两个人争三游，那算牌可以达到最精确的程度：108张牌，减去已打出去的牌和自己手里的牌，剩下的必然全在另一人手里。

由于涉及分布计算，其中要用到概率方面的知识。但我们只需要关心计算的结果，并不需要关心计算的过程，因此非常简单。

算牌可分为静态算牌和动态算牌。静态算牌是指初始状态下的算牌：自己手里的断张，在外成炸的概率约为75%，成夯的概率约为60%；自己手里的单张，在外成炸的概率约为50%，成夯的概率也约为60%。

进一步简化：自己手里的断张和单张，在外面大概率成炸、成夯。反过来，自己手里超过三张的牌点，在其他三人手里大概率成单张或断张。

来看这个局面：

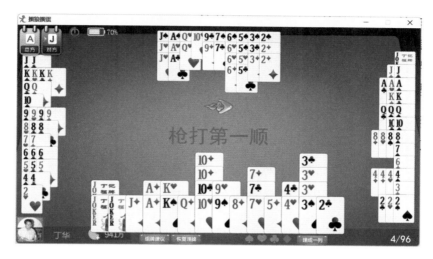

南家断6，6在对家成炸，在上家成夯；

南家单2，2在下家和对家成夯；

南家单5，5在对家成炸，在上家成夯；

南家单8，8在下家成炸，在上家成夯；

南家单Q，Q在下家成夯；

南家单J，但J是级牌，两张逢人配要去掉，就不能这样静态算牌了。

通过静态算牌，我们只能算出外面的大概情况，但究竟成炸还是成夯，成的炸和夯在谁手里，这些都是很模糊的。

随着斗牌的进行，这些情况会逐渐清晰，这就需要我们动态算牌。

动态算牌分为三个步骤：

1.牌点第一次出现，做假设；

2.牌点第二次出现，做判余；

3.牌点第三次出现，做确认。

来看这个局面：

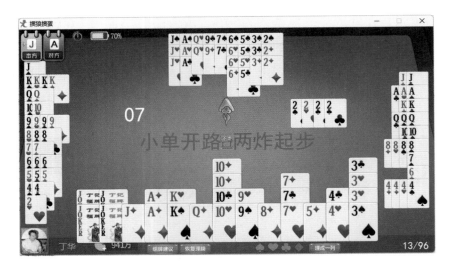

下家出四张2的炸弹，牌点2第一次出现。南家手里没有2，假设下家的2出完了，还剩下四张2在对家和上家手里。

四张2在对家和上家最大的概率分布，是1～3分布。因此，可以大胆假设，有一人是三张2，另一人是单张2。

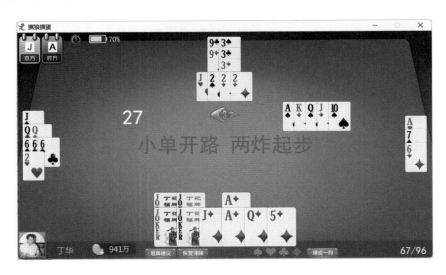

当对家出补缺2炸时，牌点2第二次出现，因此可以判断，余下的一张2是在上家。

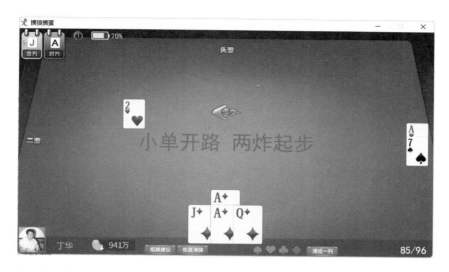

当上家脱手单2拿到二游时，牌点2是第三次出现，可以确认牌点2出完了。牌点2的算牌，走完了一个从模糊到精确的路程。

在动态算牌的三步骤中，后两步比较简单，复杂的是第一步。当牌点一次出现做假设时，各种情况的最大概率分布如下。

外面还有7张，最大概率是3～4分布；

外面还有6张，最大概率是2～4分布；

外面还有5张，最大概率是2～3分布；

外面还有4张，最大概率是1～3分布；

外面还有3张，最大概率是1～2分布；

外面还有2张，最大概率是0～2分布。

其中奇数张的情况比较好理解，但偶数张的情况，为什么不是平均分布的概率最大呢？

以外面还有4张为例：2～2平均分布的概率确实大于1～3分布，但1～3分布还有一个3～1分布的帮手。1～3分布加上3～1分布，结果就比2～2分布的概率大了。

我们在做假设时，不妨大胆一些，可以具体到人，比如对家有三张2，上家有单2。虽然这样不如假设对家有对2，上家也有对2的概率大，但这种差别并不大。

通过算牌，到了残局，大多数牌点都可以到达判余阶段，甚至是确认阶段。我们主张对所有记总数的牌点，都要进行算牌。这样，关键牌到最后犹如明牌，记牌的威力就可以最大限度地发挥出来。

限于篇幅，有关算牌的技巧难以详尽，想进一步学习的掼友，请联系笔者参加掼蛋高级记牌和算牌训练营，其中有一周的时间，专门训练算牌的技巧。

记牌和算牌就告一段落，接下来进入高手的另一必备技术环节。请看下一篇。

第 97 篇　单一牌型的灵活性

我们前面提到"大夯是防守之王"，说的就是大夯的灵活性。由于可以拆出多种牌型，大夯应对变化的灵活性就非常大。

根据拆出不同牌型的数量，可以对七种牌型的灵活性，从大到小做一个排序：

第1名：钢板，可拆出单、对、光三、夯，共四种牌型，但拆出对子会增加手数；

第2名：夯，可拆出单、对、光三，共三种牌型，但拆出单张会增加手数，拆出对子也有可能增加手数；

第3名：光三和木板，可拆出单、对，共两种牌型。但拆木板会增加手数，因此光三的灵活性大于木板；

第4名：对子和顺子，可拆出单张，只有一种牌型。但拆顺子会严重增加手数，因此对子的灵活性大于顺子；

第5名：单张，无法再拆。

其中较为特别的是夯，根据拆出对子是否增加手数，又可以细分为：带大对子的夯和带小对子的夯。其中，带大对子的夯灵活性大于带小对子的夯。这是为什么呢？来看这个局面：

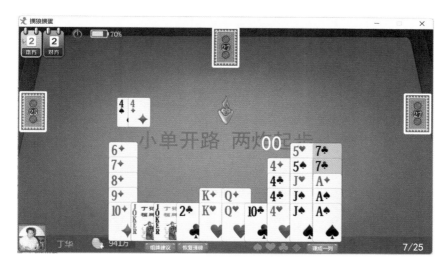

当上家出对4时，直接上对Q吗？答案是否定的，可折中一下，先上对7。如果对手一直打对子，再跟对Q和对K，并做好拆开三张A的准备。

如果先上对Q和对K，等对手再打对子时，三张A拆还是不拆，就有点尴尬了：拆了增加手数，还使对7失去了掩护。究其原因，是带的对子太小，降低了A夯的灵活性。

在斗牌的过程中，我们要始终注意手中牌型的灵活性，以尽可能地应对外部的变化。

单一牌型的灵活性比较简单，更精彩的是组合牌型的灵活性。请看下一篇。

第98篇　组合牌型的灵活冠军：变形木板

单一牌型的灵活性，为拆牌指明了方向。而组合牌型的灵活性，则为变牌指明了方向。拆牌和变牌，是成为高手的必备技术。

我们先来看牌型两两组合的情况。其中灵活性的冠军组合是"变形木板"。来看这个局面：

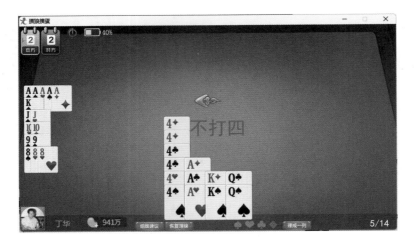

南家的AAAKKQQ，可以看成是AKQ木板+A单张的组合。由于其中有一张"鼓"了起来，所以也称为"变形木板"组合。

这种组合，可变出AAAQQ夯+对K。由于手握六张4的巨炸，可认为已成"四面听"的态势，只要再过单张、对子、夯、木板这四种牌型的任意一种，就可以冲刺获胜。这样大的防守面积，让上家一筹莫展，无论怎么出，都难逃失败的结局。

变形木板的防守能力超强，进攻能力也不弱。如果先出的话，根据情况可出木板或夯发起进攻。

基于变形木板的优秀能力，实战中如无必要，不要拆散这种组合。

变形木板如果再"鼓"一张变形，会是什么情况呢？来看这个局面：

这种"钢板+对子"的组合,灵活性依然很高,也是"四面听",可听钢板、对子、光三和夯四种牌型。

如果对方出单张呢,过掉单A就成了变形木板,相当于"远期"多听木板和单张两种牌型。如果懂得"期货"的概念,就知道"远期"也是有价值的,这种组合的灵活性就比变形木板还要大一些,只不过实战中不如变形木板更为常见罢了。

更为常见的"钢板+对子"组合,灵活性也不错。请看下一篇。

第 99 篇　组合牌型的灵活亚军:钢板 + 对子

钢板和对子连在一起并不常见,常见的是分开的情况。来看这个局面:

10和A、K并不相邻,但仍然是"四面听"。可听钢板、对子、光三、夯四种牌型,上家依旧无可奈何。

由于钢板、光三不如木板、单张更为常见,且没有远期价值,所以这种组合可看成是灵活性的亚军组合。

"四面听"的两两组合,仅有以上两种。季军是"三面听",请看下一篇。

第 100 篇　组合牌型的灵活季军：光三 + 光三

来看这个局面：

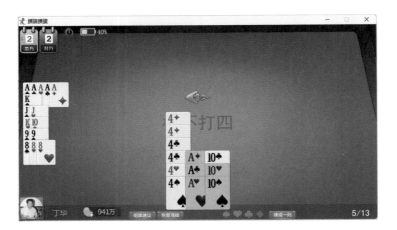

可听单张、光三、夯三种牌型，上家仍然没有好办法。

这种局面，常常是光三和对子的数量不匹配造成的。来看这个局面：

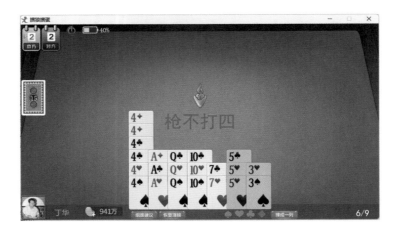

南家有四个光三和两个对子，此时有两种打法。

第一种：打53夯、过Q7夯、收A10夯，之后即可发起冲刺。如果A10夯被阻，剩下两个光三非常灵活，进入"三面听"态势。

第二种：打三张5，过三张Q。但这样剩下两个夯非常单调，只能听一种牌型了。

这两种打法哪个好呢？不能一概而论。如果自己的炸弹很大，且在牌局早期，无疑第一种打法更好。但是如果自己的炸弹较小，进入了残局阶段，且对方的牌又比较整齐，可能就等你一手夯呢，那就不如第二种打法好了。

喜欢控制的牌手更喜欢第二种打法，但常常会忽视两个光三的灵活性。

"多面听"的灵活性，可视为牌型的多样性。如果牌型没有变化，但牌点有变化，也是很灵活的。请看下一篇。

第 101 篇　夯 + 顺的灵活性

来看这个局面：

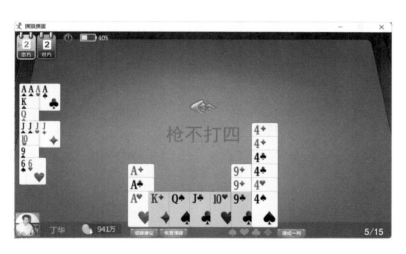

南家有AAA99+910JQK和999AA+10JQKA的变化，也就是有大夯小顺、小夯大顺的变化。虽然只听两种牌型，但牌点像跷跷板一样，可以根据情况变化，俗称"两头晃"。

这种组合正常会组大夯小顺，因为整体牌点更大一些。但当上家先出910JQK的杂顺时，那就变成小夯大顺，用10JQKA拦截。如果上家先出JJJ66夯呢，那就变成大夯小顺，用AAA99拦截。这样上家就没招了。

顺子除了杂顺，还可以是同花顺。来看这个局面：

　　南家有小夺大花、大夺小花两头晃的变化。当上家出JJJ66时，可用AAA99大夺拦截。如果把10JQKA的顶天同花理到一侧，对这种组合的灵活性不敏感，可能就会错失胜利的机会。

　　再来看一个类似的局面：

　　上家领66644夺，还剩下七张牌。"七张八张，出顺打夺"，那南家就不需要用大夺拦截了。用999AA小夺拦截即可，留10JQKA的顶天同花，准备最后的闯关比拼。

　　这种两头晃的组合，在实战中十分常见，要保有对其灵活性的敏感度。更多两头晃的组合，请看下一篇。

第102篇 花+顺的灵活性

同花和杂顺两头晃的变化，在实战中也很常见。来看这个局面：

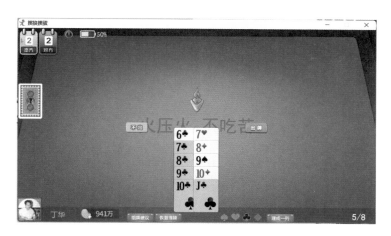

南家有6花+7顺和7花+6顺两头晃的变化，在需要大花时要能把大花变出来，在需要大顺时要能把大顺变出来。虽然只调大了一挡，但有时非常关键。

不论是夯+花，还是顺+花，灵活性的根源都在于同花是加长同花，或者说是长套同花。因此，对长套同花要极具敏感性。

对于顺+花来讲，长套同花越长，可供选择的方案就越多，或者可调整的挡数就越大。来看这个局面：

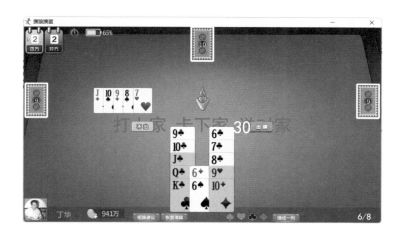

南家有678910JQK的草花长套同花，那就有9花+6顺和9顺+6花两头晃的变化。当上家领出7顺时，要变出大3挡的9顺加以拦截。

花+顺两头晃的变化，还有一种情况，只不过不如长套同花常见。来看这个局面：

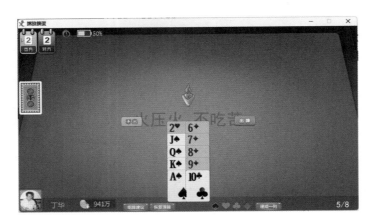

两个短套同花存在一个牌点的间隙，逢人配在中间两头晃。有黑桃补缺10花+6顺和方块补缺6花+10顺的变化。

更为少见的是两花的情况。来看这个局面：

南家两花沉底，直接空放有浪费之嫌。可把逢人配和方块10互换，变出杂顺来传给对家或骗对方火。但如果对家无顺，8910JQ的顺子又被对手的10JQKA顺子打住，那可能还是直接空放更好一些。

继续了解逢人配两头晃的组合，请看下一篇。

第 103 篇　枪 + 顺的灵活性：机动关键张

来看这个局面：

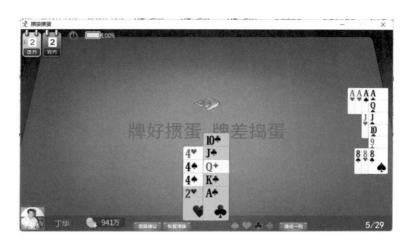

南家有枪+顺和花+单+光三的变化，其中逢人配两头晃。这种灵活性，让下家很难办。下家如果出8顺，南家顺过10JQKA后小枪沉底；下家如果出单J，南家顺过单Q，可用顶天同花发起冲刺。

这种局面在实战中很常见，当然条件也很苛刻：既要有逢人配，还要有可供逢人配两头晃的杂顺和光三。

特别是其中只有一张异色的杂顺，可称为"花胚"或"准同花"。如果没有这个条件，那灵活性就下降很多。来看这个局面：

现在单Q变成了单K，虽然牌点大了一挡，但下家出8顺即可战胜南家。

这说明什么问题呢？说明单Q虽然小，但重要性比单K还要大。因此，这里的单Q被称为"机动关键张"。有一句掼蛋谚语叫"机动关键张，先出必遭殃"，可见其重要性，不要轻易打出去。

再来看一个实战案例：

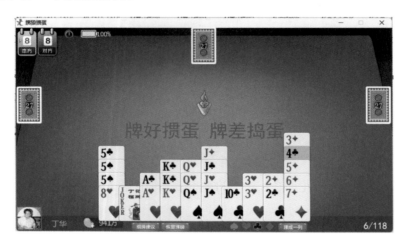

南家的草花4就是机动关键张，其价值比草花10还要大。正确的打法是先出草花10，如果先出草花4的话就输了，因为破坏了其灵活机动性。具体的实战过程，请到自序扫码，并点击其中红桃7的视频链接。

枪+顺的变化，虽然可能导致手数增多，但有过牌的机会，加上提升了枪的质量，还是非常划算的。

有的组合变化，甚至仅仅有过牌的机会，也是很不错的。请看下一篇。

第104篇 对＋顺的灵活性：轮次易容术

对子+顺子的组合，在实战中也很常见。来看这个局面：

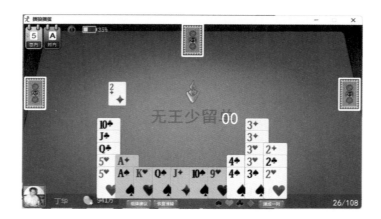

南家有对A和910JQK的顺子组合，有顺子+两单的变化。当上家出单张2时，可不动声色先顺单9，再顺单A，这样不仅调大一挡顺子，还减少了一手牌，离头游就非常近了。但选择放行，或直接拆A都不好。

这是顺子+大对子的情况，顺子+小对子的情况也差不多。来看这个局面：

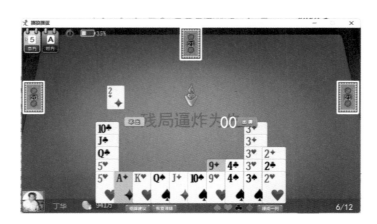

同样先顺单9再顺单A，不过这次是把顺子调小了一挡。

基于以上两种情况，在单张连续的战斗中，如果发现对方先顺单J，再顺单9和单A，那他很可能是调整对子了，并且手里有910JQK或10JQKA的顺子。类似的情况，请自行脑补。特征就是：之前顺过中等的单张，接着又顺走一小一大差距为5的两个单张。

把杂顺换成同花，情况也差不多。来看这个局面：

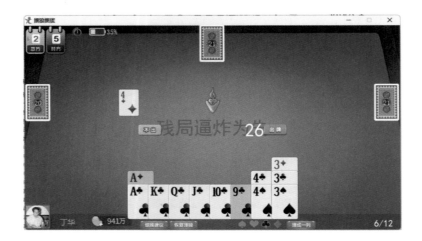

当上家出单4时，同样先顺单9再顺单A，把同花调大一挡，准备拼火闯关。直接拆A不好，因为下家打住后可能换攻别的牌型，反而夜长梦多。

以上的案例，从另一个侧面说明控单的重要性。你不出单张，别人的单张永远无法跟着走。但是想控对子就难多了：你不出对子，别人的对子可能混在夯、木板的队伍里，也可能拆成单张"易容"溜走了。

最后留一道思考题：

上家出单3，南家该如何应对呢？答案见附录。

增加过牌的机会，还有一种情况。请看下一篇。

第105篇 单+顺的灵活性：两头延伸

先来看简单的例子：

南家领出34567的顺子，剩下910JQKA的加长顺子，有910JQK和10JQKA的变化，可视下家出牌的情况选择使用。

顺子的两头延伸，还要注意A和级牌下放的情况。来看这个例子：

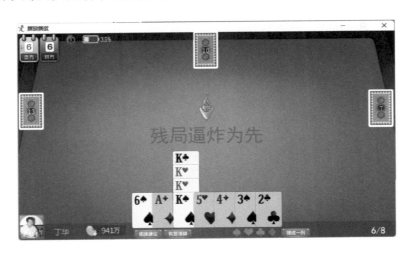

当前打6，容易漏看12345和23456的变化。

加长顺子的灵活性虽然不是太大，但也要注意保留。来看拙作《掼蛋技巧秘籍》第139页的例子：

上家出单10卡位，南家此时先出A还是先出K呢？答案是先出A，以保留顺子两头延伸的灵活性。

来看一个比较复杂的例子：

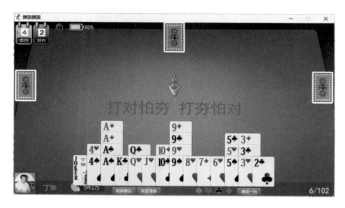

这手牌比较考验组牌的综合功力。可以这样组牌：

但先出剩下的单2是不对的，没有注意到顺子两头延伸的灵活性。可改组23456和78910J，剩下单Q。

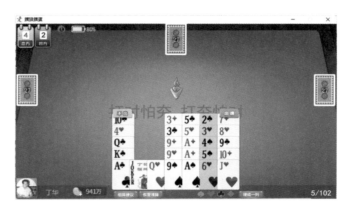

这样直接用23456发起进攻，不仅控了下家的单张，还可以视情况上78910J或8910JQ。之后过单等夯，最后用顶天同花发起冲刺，很容易拿到头游。

同花的两头延伸，情况和杂顺类似，我们就不举例说明了。

无论是夯+顺、花+顺、枪+顺、对+顺，还是单+顺，都说明一个问题：顺子是灵活性的沃土。掌握杂顺和同花的灵活性，是掼蛋高手的必备技能。

最后出一个思考题：

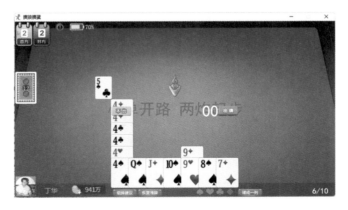

面对上家的单5，南家应该怎么打？答案见附录。

除了顺子产生的组合灵活性，还有一种组合灵活性也很常见。请看下一篇。

第 106 篇　枪和夯的灵活性

枪和夯的灵活性在"赘牌的杀手：逢人配"一篇中已有提及，本篇再深入了解一下。来看这个局面：

南家的逢人配既可以组四张K的炸弹，也可以组三张K带对7。这种既可以是枪挂一，也可以是夯的组合，在实战中十分常见。南家现在出8夯准备回K夯，上家就很难办。

上家如果跟Q夯，南家组一手夯就跑掉了；但如果开炸阻挡，就挡不住南家用炸弹冲刺了。

南家如果担心K夯有顶嘴，或者不想让对手多顺夯轮次，也可以先出K夯逼火。这是大夯+小枪和小夯+大枪的灵活性变化。不过到了残局阶段，先出小夯更为丝滑，留大枪也更利于闯关。

再来看一个复杂的例子：

当前打2，东西方单控。北家领单5，剩下八张的"521"牌型。面对上家的大王，南家现在该怎么出好呢？

由于五张9和四张A大小差不多，此时先出五张9的炸弹为好，保留枪和夯的灵活性。

更为重要的是，由于南家剩下五张牌，下家追34567的同花后，很容易按"逢五出对"的口诀，打出对9，这样机会正好被北家所乘。

下家如果不追同花，上家必追五张J。但追过之后，上家也很难办。

最后留一个思考题：

下家剩下大王听牌，上家可能有大枪，现在出单3送听，南家该如何应对？答案见附录。

枪和夯组合的灵活性，根源在于逢人配。更多逢人配带来的灵活性，请看下一篇。

第107篇　枪＋枪的灵活性

理同花时有一个原则：五张正好的天然同花，可以先理出来看看效果。但这个原则有一个例外局面，很多人容易忽略。

南家有五张正好的草花天然同花，理出来之后，再用逢人配组四张5的炸弹。但四张5原本也是天然的，由于5在同花的尾部，这种特殊的情况就不如保天然头炸更合适了：逢人配改组6-10的草花补缺同花，四张5还是四张5，但同花悄悄调大了一挡。

来看一个类似的例子：

当前打A，面对上家的顶天杂顺，南家不要用带逢人配的四张3，而是要用天然的四张黑3，留逢人配补黑桃双缺同花，可以把同花调大一挡。

如果对此情况不敏感，还有办法可以补救。请看下一篇。

第108篇　保持灵活性的六个小妙招

保持牌型的灵活性和多样性，是应对外部不确定性的有力武器。除了保持对单一和组合牌型灵活性的敏感以外，还有以下几招。

第一招：平替逢人配。逢人配是宝贵的战略资源，本身极具灵活性，所以要尽量在牌局的中后期再出。当我们确定出带有逢人配的牌型之前，一定要做一个"平替"检查的程序：手里是否有逢人配替代的天然牌，如果有，那就把逢人配留下来，把资质平平的天然牌打出去。

还是刚才的局面：

确定打出333A之前，发现手里还有两张3，那就把逢人配留下来，换平平无奇的黑桃3。这样，即便是一时看不到枪+枪的灵活性，也保留了变化。退一步讲，就算是错用了红桃3，也至少说明有平替的意识。

第二招：留意不破坏长套同花。来看这个局面：

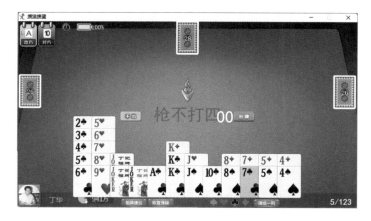

南家现在需要还贡给上家，如果还草花7，那就不如还方块7了。因为还草花7，就破坏了234567草花长套的灵活性。

这是还贡的情况，出牌的情况也一样，在有花色选择的条件下，尽量不用和手里同花相同花色的牌。

第三招：理杂顺和出杂顺的要领。在理杂顺时，尽量理出"花胚"的杂顺，以保留机动关键张的灵活性。但在出杂顺时，不妨把杂顺搞得更杂乱一些。

第四招：保留"花胚"组同花的可能。来看这个局面：

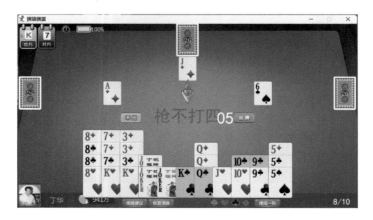

当前打K，面对上家的单A，在绝对单控的情况下，南家不要先上草花级牌K，而是要先上小王，以保留910JQK的草花"花胚"，在必要的时候，可以变出910JQK的草花补缺同花出来。

第五招：慎出5和10的轮次。5和10是组顺子的必备材料，如果把仅有的5或10打出去，就会立刻失去组顺子的灵活性。来看这个局面：

南家的牌比较弱，此时跟对5就显得很盲目。自己损失组小顺子的可能不说，对手不疼不痒的，还容易误导对家。

第六招：出死牌、留变化。王的牌点虽然很大，但弱点也很明显，就是毫无灵活性可言。王既不能参与各种顺牌的组合，也不能和逢人配组合，所以有时价值反而不如级牌。来看这个局面：

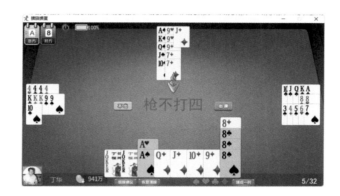

当前打A，南家有四张8和910JQK方块补缺同花两手炸弹，其他牌也都坐大，头游是没跑了。但此时不要出单A，一出单A就只能"华山一条道"了。接下来两枪空放，对家可就危险了。

不如先扔掉两张王的"死牌"，再变出888AA的小夯，同花沉底的同时，还给对家传牌，这样A就肯定过关了。

这个案例表明："出死牌、留变化"的口诀，不仅仅适用于开局，在残局甚至是中局，也是非常适用的。

高手打牌，经常把牌灵活地变来变去，关键就在于熟练掌握了各种牌型及组合的灵活性，并且能时刻有办法保持这种灵活性。而新手一旦完成组牌，则常常守株待兔到终局，输了就抱怨牌不好或对家不配合。

到这儿，有关灵活性的话题，还有多牌型组合没讲，但限于篇幅和形式，我们就不展开了。不过，只要把单一牌型和双牌型组合的灵活性掌握好，更多牌型组合的灵活性也就不难掌握了。如果你对此有很大的兴趣，可以联系笔者学习灵活性的专题视频课程。

记牌和保持灵活性，这些都是个人技术。但个人技术再高，还不足以保证团队获胜。请看下一篇。

第 109 篇　找好搭档，为何比找好对象还难

掼蛋是团队游戏，搭档的配合非常重要。据统计，有一半的头游是被搭档破坏的。因此，找一个好的搭档，两人进行默契的配合，就成了进一步提高掼蛋水平的前提条件。

但是，找一个好的搭档，往往比找一个好的对象还难。这是为什么呢？

第一，搭档要和你一样喜欢掼蛋。只有喜欢，才会投入更多的时间和精力，一起去钻研技术，去实战磨合。

第二，搭档要和你一样喜欢学习和总结。只有学习和总结，才能不断提高个人作战的技术和两人配合的技术。

第三，搭档的现有水平要和你差不多。如果双方的掼蛋水平差距过大，就缺少了共同进步的情感氛围。

第四，搭档的智慧、悟性要和你差不多。这样两人的进步速度才是差不多的，不然差距又可能被拉开了。

第五，搭档的打牌风格要和你互补。两人最好一个是控制型选手，另一个是冲锋型选手，可以组成黄金搭档。

第六，搭档和你要相互欣赏、相互信任。只有这样，才能冷静应对各种复杂的局面，而不是一不顺心就埋怨指责，甚至最后一拍两散。

第七，搭档和你三观要合，经济基础最好也差不多，这样不仅牌桌上是好搭档，生活上还能成为好朋友。

好搭档的条件之多，比好对象的条件有过之而无不及。而且，好搭档的很多条件要求双方是差不多的，但好对象的双方条件可以有合理的差距。

找好搭档和找好对象类似，条件越多，找到的概率越低。人类大脑最擅长做两个条件，也就是四象限的选择题，不然很容易"挑花眼"。如果只能选两个最重要的条件，你会选哪两个？

笔者以为，配合技术尤为重要。那配合的技术究竟有哪些呢？我们还是从残局开始，请看下一篇。

第110篇　精巧配合：反向留风

当自己不能给对家留风时，可以逆向思考一下，能不能让对家给自己留风，这样两人可以一起逃脱。来看这个局面：

当前南北打A，南家如果先出对5，固然可以拿头游，但无法给对家留风。下家接手对8拿二游，上家接风拿三游，对家手抱最大的单A，也无奈是末游了，这样A无法过关。

如果心中有对家，并判断出有反向留风的可能，南家此时可拆出单5，先送对家头游。南家接风拿二游，南北方轻松打过A。

直接出对5，简单"二过二"的配合打不出来。说严重一点，牌品如人品，这是自私自利的表现。有谁会喜欢这样的搭档呢？

如果单张和对家不存在桥路，那又该如何反向留风呢？来看这个局面：

当前东西打A，上家已头游，南家的单4正受到下家单张大王的干扰，无法出单4后用炸弹给对家留风。怎么办呢？

如果空放四张5的炸弹，虽可拿到二游，但单4仍然无法留风。下家接手大王，东西方就过A了。

注意到对家还剩下五张牌，有三带对的可能，南家可拆出对5寻求变化。对家对J接手，然后用三张8反向留风。南家接风再出对5，最后脱手单4捉住下家。这样就保留了继续纠缠的机会。

这是对家没有单张的情况，但如果对家也有单张呢？请看下一篇。

第 111 篇　绿色通道：反向留势

如果对家也有单张，那相互之间就都不能留风了。来看这个局面：

由于西家已头游，从北到南存在绿色通道，因此有反向留势的可能。

南家仍然出对5寻求变化，但此时的关键是，北家还不能接这一对5，要等南家第二个对5打出来，再上对J接手。

北家最后出单3拿二游，南家借势跟走单4拿三游，精巧完成"二过一"的配合。

这一局是打A，北家不接第一个对5还比较容易判断。但如果不打A，北家就比较犯难了。来看这个局面：

当前打Q，北家如果接对5，由于不能留风，南家就肯定是末游了。但如果不接，又担心南家剩下的全是单张，这样就被打双下了。

那北家究竟如何判断该不该接牌呢？除了提高记牌和算牌能力，还有赖于南家给出明确的信号。来看这个局面：

南家先打对级牌，再打对5。这样的次序是一种信号，北家就知道有戏了，可以等等再接手。如若没戏，南家肯定直接打对5了。

所以，如果想示意对家接手，就应该倒着打。再来看一个局面：

南家同样应该先打对Q再打对5，以示意对家接牌。但如果先打对5，北家无论接还是不接，都难以两全。

这种信号也称为牌语：不能用嘴说话，那就用"用牌说话"。通常，正着打是自己进攻的牌语，倒着打是示意对家接手的牌语。

除了倒着打的接手牌语，还有一种接手牌语。请看下一篇。

第112篇　净炸接手牌语

如果自己的牌力很强，有净剩炸弹的可能，那就要发出接手牌语示意对家接手，以免自己的炸弹浪费。来看这个局面：

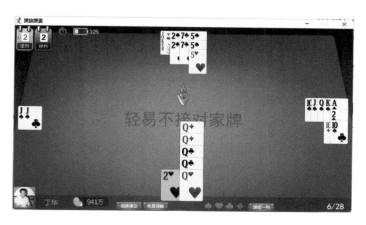

南家逢人配可组六张Q的炸弹，但如果空放六张Q，炸弹就浪费了，下家必有机会逃脱。

南家可单出逢人配，示意对家接手。对家大王接手后，按"七张八张，出顺打夯"的口诀，出三张5带对7，即可打东西方双下。

南家如果出单Q，是不是也能示意对家接手呢？但这样有两个缺点：

第一，牌语不如逢人配明确；

第二，传牌不严密，给了下家过牌的机会。

东家顺过一张2，那北家安全起见就不要用大王接手了。这样逼南家先走，慢一慢头游就被东家抢走了。

如果北家不察，用大王接手了呢？那南家就犯难了，很容易因不舍得炸对家，而错失头游的机会。

另外，当对家的牌还有很多，不是一手净炸，那此时就不要轻易接手了。来看这个局面：

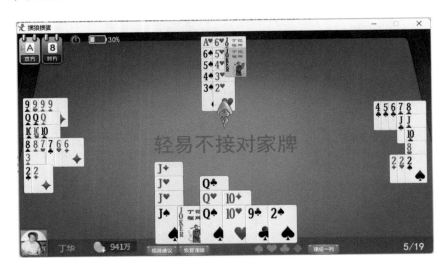

北家出小王，还没有报牌，那南家要不要接手呢？答案是不要，原因有二：

第一，北家还不是一手净炸；

第二，南家还有两个小单张需要掩护，接手大王获益并不大。

能要而不要，也是一种牌语。请看下一篇。

第113篇　逼对家先走牌语

本来能要却选择不要，能接却选择不接，牌语就是：你先走，我殿后。来看这个局面，当前打5，东西方双贡：

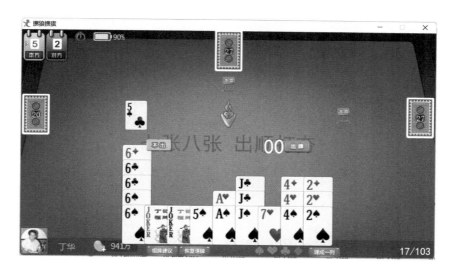

面对上家的级牌5，南家可以上小王，但选择不要，牌语就是：我的牌力不太行，对家你先上。这样北家就被逼上王打住，进而检验了小王的情况。

逼对家先走，到残局阶段更为重要，有时甚至影响胜负。来看这个局面：

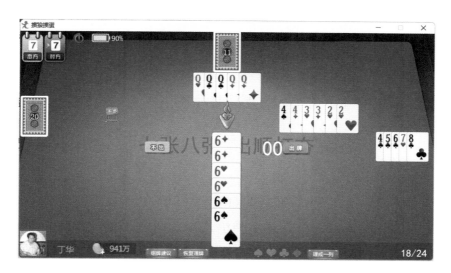

南家的牌早已到位，留六张6掩护对家。现在下家领234小木板，还剩下五张牌。北家不懂逼对家先走的牌语，盲目上五张Q开炸，南家就很难办。如果实战中南家不忍心炸对家，头游就会被下家抢走。

如果南家狠狠心呢，头游当然不会旁落。但如果南家的炸弹不大呢，那可就更添堵了。来看这个局面：

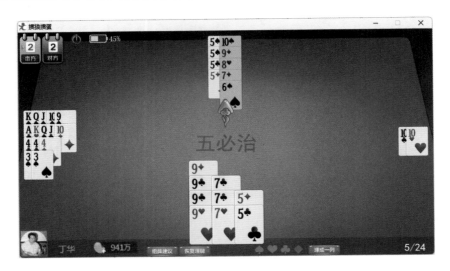

对家领678910的杂顺，还剩下四张5的净火。上家跟10JQKA的杂顺后报牌10张。南家意识到了危险，选择不要逼对家先走，这样南北方可升2级。

但如果南家上四张9开炸，北家的四张5被堵，西家用910JQK的黑桃同花抢走头游。这样东西方可升1级。里外里相当于损失了3级。南家的四张9就是妥妥的"卧底"，足可以把北家气得眼冒金星。

四张9如果由下家打出来，那就是另外一种牌语了。请看下一篇。

第114篇　要求垫炸牌语

在上一局中，北家还剩下四张的净炸，西家还打北家的顺子，就传递了要求垫炸的牌语，也许这个牌语还不够清晰。我们来看一个类似的局面：

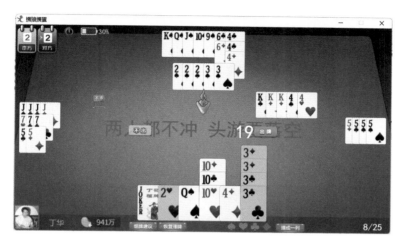

下家出三张K带对4，还剩下四张5的净炸，但对家仍然出级牌的大夯进行压制，并报牌十张。此时传递的牌语相当清晰，就是说：我有戏，对家请帮我垫一枪。如若没戏的话，这么大的级牌夯断然是不会上的。

南家领会对家的意图，用逢人配组五张3垫炸，确保可以空中架桥，北家用910JQK黑桃同花虎口夺食，最后脱手小夯抢走头游。

这种走钢丝般的惊险配合，稍有差池便会被打双下。不经过长期的磨合，两人很难有这么精彩的表演。

再来看视频课程"掼蛋实战百局集锦"里收录的一局实战局面：

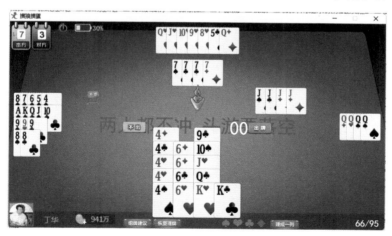

东家两炸沉底，但北家仍然用级牌炸弹压制，然后打出单5，发出要求垫炸的牌语。

南家读懂对家的意图，用五张4垫炸，北家接着用8910JQ的红桃同花抢走头游。

当初北家上四张7时，如果西家能意识到危险，就会用黑桃45678的同花扼杀北家的计划，这样头游就铁定是东家的了。

或者，假如东家正好有更大的同花，沉住气甚至能打南北方双下。来看推演的局面：

南北方虽然完成了垫炸的惊险配合，但西家这次有10JQKA的草花同花压制，一下子让南北方的苦心经营付诸东流。西家继续打小顺或小夯，东家四张Q推风，可以打南北方双下。

反之，如果南家不垫炸呢？手里多留一枪，可打西家下游，从而减少了损失。

由此可见，垫炸的风险是相当高的。但正因为风险高，一旦配合成功，获得的快乐也是相当大的。而另一方被虎口夺食，心情也是相当郁闷的，有时甚至会怀疑，对方两个家伙是不是用了什么暗号。

究竟什么是暗号呢？请看下一篇。

第 115 篇　牌语和暗号：两种合法的暗语

牌语就是"用牌说话"，但牌语是需要解读的。来看这个局面：

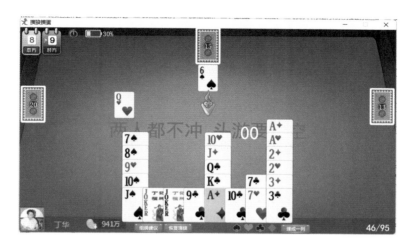

当前打9，北家领出单6，南家思考了一会儿后，打了一张A。怎么解读这张A的牌语呢？

第一种解读：南家跟牌说明有机会，但上A不如上级牌9。因为上A，顺子和单张都调小了一挡，说明南家水平一般。

第二种解读：南家跟牌说明有机会，思考了一会儿说明有选择。现在外面没有王、A和K了，不跟9是怕挡了对家的级牌。顺子虽然调小了一挡，但仍然是稳大的牌。

不同的人会有不同的解读，有的解读比较简单，而有的解读则比较难。由于存在认知的不同、角度的不同，有时连最熟悉的搭档也难免会读不准对家的意思，就不用说外人了。

为了更准确地解读对家的牌语，好的搭档之间还会设计一些私有的解读方式，可以称之为暗号。但设计暗号并不一定是作弊行为，来看这张图：

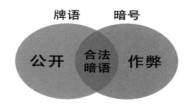

左边的圆圈是牌语，就是"用牌说话"。凡是不用牌说话的，一律是

作弊信号，比如，出牌的姿势、眼神、思考时间的长短等。作弊信号可以通过技术手段屏蔽，但牌语无法进行屏蔽，否则就不能打牌了。也可以这样说，在不影响牌局进行的情况下，凡是能通过技术手段屏蔽的信号，都是作弊信号。

右边的圆圈是暗号，就是对牌语等信号进行解读的私有方式。作弊信号必须有私有的解读方式，但牌语更多是公开的解读方式，比如，接手牌语和垫炸牌语。

两个圆圈的交集，是无法屏蔽的、合法的暗语。举两例常见的暗语。

1. 打33344，回AAA55：对子先小后大，代表手里的夯打完了。但如果先打33355，回AAA44：对子先大后小，则代表手里还有夯的牌型。

2. 先用9999炸大王，再用6666炸顺子：炸弹先大后小，代表手里至少还有一炸。反之，如果先用6666炸大王，再用9999炸顺子：炸弹先小后大，那手里还有没有炸弹，就不一定了。

对子先大后小，是一种信号，但具体怎么解读，那是搭档之间的私有约定。由于无法进行屏蔽，所以应该允许合法暗语的存在。

有时就算有合法的暗语，搭档之间仍然难免会有误解。此时选择相信对家是良好的习惯，而不是心生埋怨。因为大多数情况下，是你没读懂对家的牌语。退一步讲，就算是对家打错了，你一有情绪，可能就错失了弥补的机会，甚至会影响下一局的水平发挥。

由于合法的暗语数量有限，有人就打起了作弊的主意。请看下一篇。

第116篇　三种作弊的暗号及其屏蔽手段

如果没有合适的牌语来表达意图，有少数人会有作弊的想法。来看之前的一个局面：

南家之前没有条件倒着打，以发出接手牌语。面对这一对5，北家就不好判断，是不是应该接手。所以，就有了常见的作弊信号。

第一种：思考时间的长短。如果出牌速度很快，那对家不要接手；如果思考了好几秒才出牌，则表示自己有困难，对家可以接手。如果两人对时间的长度比较敏感，甚至还有可能传递更多的信息。

由于出牌可以思考20秒甚至更多，所以这种暗号，虽属作弊但难以进行屏蔽。好在这种暗号，很容易被对手识别出来，在实战中也更容易被接受。

第二种：花色顺序。按照"黑红梅方"的顺序正向排列，表示对家不要接手；反向排列，则表示对家可以接手。比如，按梅花5、方块5的顺序排列对5，表示不要接手；按方块5、梅花5的顺序排列对5，则表示可以接手。

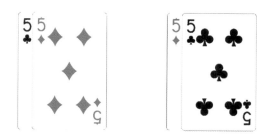

这种暗号在打电子牌时，平台可以进行有效屏蔽，但在打手抓牌时，

屏蔽起来有一定的困难。牌手出牌时，要求牌的大小按固定的顺序排列，是可以接受的，但如果还要求花色按固定的顺序排列，那就太麻烦了。

第三种：牌的方向性。普通的一副牌共54张，其中有24张牌是有方向的。比如：

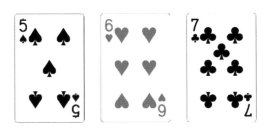

这些牌在旋转180度后，图案和原来并不重合，也就是它们并非中心对称图案，因此这些牌就有了方向性。

利用这个方向性，就可以设计暗号，以表达不同的意图。比如：

草花5这样摆放表示不要接手。

草花5这样摆放表示可以接手。

这种暗号，网络平台同样可以进行有效屏蔽，但在打手抓牌时怎么进行屏蔽呢？为此，扑克厂家设计了54张牌全是中心对称的扑克。比如：

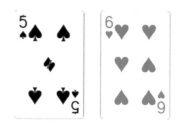

要注意的是，以上第二、三种暗号，虽然也是用"牌"说话，但并不属于牌语，因为这里的"牌"指的是"纸牌"。

通过纸牌传递信号，可以通过技术手段进行屏蔽。类似地，还有利用把纸牌摆放在牌桌上的不同方位来设计暗号的。但无论是第二、三种暗号，还是其他未知的通过纸牌传递的暗号，都可以通过下面这种方式来屏蔽。

重要比赛的重要场次，每位选手把要出的牌，交由专门的助理裁判代为出牌。

了解作弊暗号，并不是鼓励作弊，正像了解骗术，并不是鼓励行骗一样。我们可以坚决不作弊，但不可以当别人作弊时，自己还被蒙在鼓里。

到这儿，精通部分的内容就全部结束了。我们共学习了"记牌""灵活性""配合"这三个技术环节，掌握了这三个环节，掼蛋水平就可以进入一个新的境界。特别是掌握了"灵活性"，可以说是掌握了掼蛋的精髓。

但是，"学会掼蛋三分钟，精通掼蛋一辈子"，掼蛋的技术环节还有很多，远远不是一本书能够涵盖的。也许本书还有第二部第三部，但容笔者再积累一段时间吧。

即将进入最后一部分：掼蛋杂谈。

第四部分

掼蛋杂谈

第 117 篇　三人掼蛋玩法：三缺一时不尴尬

无论是打麻将、升级，还是打掼蛋，都有三缺一的烦恼。每每遇到这种情况，人们总是拿起电话来摇人："三缺一，快来救场，救场如救火！"但接下来，只能是焦急的等待。

幸运的是，掼蛋有三人的玩法，可以应对这种尴尬场面。

1. 去掉所有的草花和一张小王，保证每人仍然是27张牌。

2. 三张王是最大的炸弹。

3. 头游的下家接风。

4. 头游升3级，二游升1级，末游不升级。

5. 末游要向头游进贡，但摸到两个大王可抗贡。

6. 其余玩法参照四人掼蛋。

三人掼蛋有两个难点。

第一，记级困难。由于有三个人，各自打几容易混淆。

第二，打A过关是难点。平时是三国演义，但打A时就变成了二打一，想拿头游过关并不容易。但正因为这个难点，反而让三人掼蛋别有一番趣味。有时第四人到了，三人仍不肯罢休，非要分出子丑寅卯来。

对于第一个困难，可以使用专业装备"计分盒"解决。

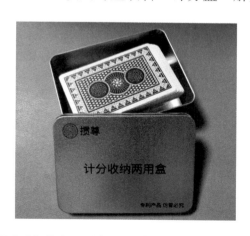

在盒子的底部有计分板，放置三枚不同颜色的磁性棋子，即可轻松实现记级。

玩起了三人掼蛋，等待第四人的时间很快就过去了。

这是有人救场的时候，如果没有人救场呢？上次有朋友三人出差，途中打电话问我三人掼蛋的玩法。这时候，也只有三人掼蛋，能过过他们的掼瘾了。

除了计分盒，学习掼蛋还要置办哪些专业装备呢？请看下一篇。

第118篇　几个要置办的掼蛋专用装备

工欲善其事，必先利其器。除了经典的掼蛋书籍、掼蛋专用扑克、掼蛋计分收纳盒，我们研习掼蛋，还需要置办哪些专业装备呢？

1. 掼蛋专用桌布或桌垫

桌布、桌垫除了能保护桌面，还有防作弊的作用，设有出牌区、收牌区、备卡区和示卡区。牌手将打出的牌按固定顺序摆放到出牌区，一圈牌之后将出牌区的牌扣过来放置到收牌区。

这样做的好处有二：一是彰显专业，二是方便复盘和牌张检查。

2. 报牌卡

与桌布或桌垫配套的是5个报牌卡。每人1个，颜色相异以避免混淆，多出的1个可备用。

当满足报牌条件时，将自己的报牌卡从备卡区上推到示卡区，并大声报出手中余牌的数量。

这样做的好处是，当有报牌的纠纷时，报牌卡的位置是重要的证据。不然，他说报过牌了，你说他没报，谁都不容易说清楚。

3. 计分牌或计分小程序

如果只打经典的四人掼蛋，还可以使用专业的掼蛋计分牌。

手机上还有免费的计分小程序。

到哪里去购买这些专用装备呢？当然是"无所不能"的淘宝了。有喜欢计分小程序的掼友，可以联系笔者获取分享链接。

配齐装备后，按什么步骤学习掼蛋呢？请看下一篇。

第119篇　如何快速提高掼蛋水平

掼蛋水平的进步是一个螺旋式提升的过程，需要不断进行以下几个步骤的循环。

第一，学习掼蛋书籍和视频课程。掌握规则后，首先推荐学习的是拙作《掼蛋技巧秘籍》以及本书，以打好坚实的理论基础。另外，《中国掼蛋十大技巧》一书也不错，可在进一步提高水平时阅读。更深入地学习专项技术，可观看相应的专项视频课程。

第二，线上或线下实战。学习再多的游泳知识但不下水，那是学不会游泳的，掼蛋也是这样。想要快速提高掼蛋水平，必须要经过大量的实战磨炼。

线上实战推荐的网络平台有：来几局、1312欢乐耍大牌、掼蛋大师、微乐掼蛋等。

如果担心水平太低被对家批评，还可先使用掼蛋单机版软件，和电脑对练。电脑不怕你出牌慢，更不会出言埋怨。

另外，观看高手的实战录像，也能在一定程度上丰富自己的实战经验。

第三，复盘总结得失。每打完一副牌，最好马上和搭档一起总结得失，不然时间一长就忘记了。在线下打掼蛋时，可架设手机等录像设备，以留下宝贵的影像资料，待牌局结束后，再录入掼蛋复盘软件进行复盘。如果不具备录像条件，那就只能在网络平台上打了。网络平台一般都有录像回放功能，打完一副回看一副，总能发现一些值得总结的地方。时间一长，水平自然就上来了。

不总结复盘，多次犯相同的错误，甚至不认为自己错了，这是很多人打牌多年，水平却停滞不前的主要原因。

第四，寻求高手指点。如果自己总结不出来问题，还可将录像发给高手，请其帮助指点。有时，高手的一句话，就可能让你醍醐灌顶，茅塞顿开。

以上是大循环的步骤，从技术专项环节上，可以按照先易后难的步骤学习。

1. 先学习残局。残局"子少而易悟"，以掌握控牌技巧、配合技巧等。

2. 再学习开局。掌握组牌、定位、开牌、沟通等技巧。由于初始信息相对较少，也比较容易掌握。

3. 最后学习中局及其他技术。由于信息越来越杂乱，还要应对各种突如其来的变化，所以最难的是中局，可以放在最后学。相关的技术包括记牌、算牌、传牌、拆牌、变牌等技巧。

阻碍掼蛋水平进一步提高的，还有一个重要因素就是自满。由于掼蛋不像100米短跑那样，有明确的水平衡量标准，所以容易出现"达克效应"。所谓"达克效应"，是指能力越一般的人，越容易高估自己的水平；而能力越高的人，由于见多识广，却常常表现得非常谦逊。

掌握以上几个要点，相信你很快可以练成"技术全面，优势突出"的掼蛋高手，然后让身边的朋友眼前一亮吧！

在螺旋式提升的循环中，有一个环节非常重要。请看下一篇。

第120篇　如何进行复盘

复盘是成为掼蛋高手的必由之路。复盘都有哪些好处呢?

1. 避免低水平重复

《刻意练习》一书认为,一个人在一个领域浸润多年而没有明显进步,原因是他很少去复盘,很少去看过程中的问题,也就很少能进行改进,日积月累就成了低水平的重复。

2. 让胜利与失败都有意义

胜固可喜,但败了之后,如能通过复盘有所收获,同样也值得高兴。比如,加强了对战术技巧的认识、加深了对搭档和对方出牌习惯的了解等。

3. 养成"精打细复,少打多复"的好习惯

打的时候认真打,复盘的时候才更有意义。反过来,每盘必复,也会让打的时候更加认真。

每天认真打3～5副牌,然后至少花同样多的时间进行复盘总结,效果可能远远超过机械式地打10～20副牌。

那如何进行复盘呢?

1. 抓重点牌局

把有争议的牌局、有遗憾的牌局、自己后悔的牌局、局面激烈的牌局,作为复盘的重点。深入分析牌型组合、出牌次序、战术决策、心态调整等环节,发现并总结其中规律性的东西。

对非重点牌局,也要能做到浏览一遍。

2. 利用好工具

打手抓牌时,如无条件进行录像,那对重点牌局的残局,至少要能做到用手机拍照留存。

来几局、1312欢乐耍大牌等网络平台,提供录像回放功能。

来几局平台，右上有"打牌记录"。

1312欢乐耍大牌平台，不同的房间都有"战绩回放"。

有些平台虽然没有回放功能，但我们可以使用手机或电脑的屏幕录制功能。

对于复杂牌局，还可以使用掼狼复盘软件进行复盘，推演各种可能的出牌次序及其结果。该软件还有人工智能AI的加持，对出牌思路、组牌拆牌方案都有很大的启发作用。

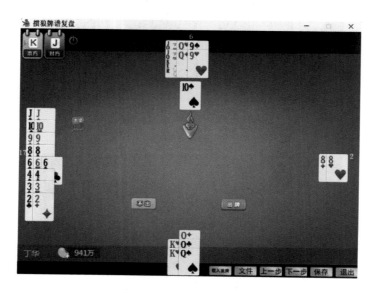

3. 和搭档一起复盘

搭档如果也喜欢复盘，那是再好不过的了。和搭档一起复盘，不仅可以增进理解和默契，还能从不同的视角发现问题。

当然也要注意沟通技巧：多陈述客观事实，少发表主观评价；多提有选择的问题，少做绝对化的判断。比如，我之前领出对子，你现在打对子好，还是打单张好？但如果说"你这个单张打得太臭了"，一句话就可能让复盘难以为继。

除了录像回放功能的不同，网络掼蛋平台还有什么不同呢？请看下一篇。

第 121 篇　常见网络掼蛋平台的优点比较

网络掼蛋平台层出不穷，但经过岁月的洗礼，以下平台受到了更多爱好者的青睐，其中不乏省市冠军，甚至是全国冠军。

1. 来几局

➤ 官方赛事和俱乐部赛事众多：官方赛事在早8点后，平均每5分钟一场，可以随时参赛。

➤ 福卡机制：别的平台要花钱，但来几局可以"赚钱"。赢的福卡可以到商城兑换种类繁多的商品。

➤ 复式比赛：四人组队与另外四人比赛，这样可以消除运气的成分。因为两桌打的牌完全相同，比如南北向的牌运好，一队的两人坐南北向，但同队的另外两人坐东西向，最后比的是四人的团队成绩。

➤ 录像分享功能：可以将自己的打牌记录分享给高手，请求高手指点。

2. 1312欢乐耍大牌

➤ 历史悠久，有一帮高手铁粉，特别是早期的掼蛋高手。

➤ 掼蛋更专业：当逢人配的使用有歧义时，会有可供选择的提示。这是其他平台所没有的功能。

➤ 操控流畅：理好成一列的牌，很容易调整。不会因为变牌、拆牌时不方便，而导致出牌失误。

3. 微乐掼蛋

➤ 界面设计得比较漂亮，操控也不错。

➤ 免洗模式：可供新手体验疯狂扔炸弹的乐趣。

➤ 主播模式：目前抖音上的大多数掼蛋主播，采用的就是微乐掼蛋。如果你的掼蛋技术不错，想通过掼蛋直播来贴补家用，那微乐是首选。

我个人比较喜欢来几局平台，有空打个比赛赚点福卡，还是蛮有意思的。

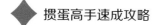

来几局网络平台的复式赛可以消除运气成分，但打手抓牌怎么操练复式赛呢？请看下一篇。

第122篇　消除运气：复式掼蛋与米切尔移位

牌局的胜负离不开心态、运气、技巧三个因素，总体来讲大致为2:3:5的关系。其中运气所占的比例还是相当大的。如果手抓5个炸弹，就算是新手，也可以把高手打得稀里哗啦。

但运气正是娱乐掼蛋的魅力所在。如果像象棋、围棋一样，新手赢高手的概率为零，那双方都会感觉索然无味，从而影响运动的广度。

但反过来，如果隔三岔五败给运气，无法捍卫自己的地位，高手就不会投入更多的精力去提高技术，因而会影响运动的高度。

为了尽可能地消除运气成分，不断提高掼蛋运动的高度，就有了竞技掼蛋，以和娱乐掼蛋区别开来。

顶尖的竞技掼蛋赛事，借鉴桥牌的经验，采用的一定是复式打法。想把掼蛋水平提高到一个新的高度，就必须要练习这种打法。在线上平台练习还好办，因为系统可以保证两桌发同样的牌，但线下用手抓牌练习就有难度了，具体怎么操作呢？

开室和闭室

在四人组队的队式赛中，一个队的两对选手分在不同的房间里打牌。一间为闭室，另一间则为开室。可以在开室看打牌、直播，但不能进入闭室，以防信息泄露。

甲队的一对选手在开室坐南北位置，另一对选手在闭室坐相同桌号的东西位置；乙队则正好相反，一对在开室坐东西位置，另一对在闭室坐南北位置，与甲队开战。

比赛都打2，不升级。每奇数副牌，正常洗牌抓牌。一圈牌结束，将牌翻过来扣在收牌区。一副牌结束，将收牌区中所有的牌，放入牌套对应的位置，并注明首引方。如无牌套，也可使用厚实的信封代替，但要在信封上注明桌号、方位和首引方等信息。将牌套中的牌，移到另一室原样重打一次。

每副牌胜方1+2游计3分；1+3游计2分；1+4游计1分；负方不得分。打满固定副数（比如8副）后，按队累计所有的得分，总分高者获得本轮的胜利。这样就大大避免了运气的成分。

米切尔移位法

组建复式赛要求每四人组队，还是很不容易的。好的个人搭档都难找，更不用说好的团队搭档了。这就有了米切尔移位法，保持两人搭档参赛的传统，但同样可以消除运气成分。

比如18对选手参赛，正好分坐9张桌子，桌号1～9。

第一副牌正常打完，同样将牌收入牌套，牌号1～9。下一步很关键，裁判员宣布移位。每桌的南北方坐着不动，但东西方起立，向大一号桌子移动：

1号桌的东西搭档，移位到2号桌东西方座位坐下；

2号桌的东西搭档，移位到3号桌东西方座位坐下；

……

8号桌的东西搭档，移位到9号桌东西方座位坐下；

9号桌的东西搭档，移位到1号桌东西方座位坐下。

这叫"人往大号走"。

选手移位结束后，下一步是传递牌。每桌坐着不动的南北方，将牌套中刚刚打完的牌，传递到小一号的桌子上去：

9号桌的牌，传递到8号桌；

8号桌的牌，传递到7号桌；

……

2号桌的牌，传递到1号桌；

1号桌的牌，传递到9号桌；

这叫"牌往小号移"。

打满9副牌后，正好每对东西方和每对南北方都交过手了，而且所有牌号的牌，每对选手也都原样打过了。

这是桌子总数是奇数的情况，但如果总数是偶数，移位会稍微复杂一

点。在打到正好过半移位时，东西方要多移一桌：比如共10桌，在打第六副牌时，原来要移位到第6桌的，这次要移到第7桌，之后恢复正常移位即可。移位受桌子总数奇偶性的影响，但传递牌无此问题，正常传递即可。

最终南北方按队计总分，东西方按队计总分，各得出一对选手的冠军，所以最后的冠军是4个人。

不同方向的选手，运气可能不同，但相同方向的选手，运气是完全相同的。所以，米切尔移位法，同样可以消除运气的成分。

和复式赛相比，米切尔移位法组队更容易，组织也更省时省力，因此十分便于操练。

竞技掼蛋追求体育精神，但娱乐掼蛋就不一定了。请看下一篇。

第123篇 六胜四败的智慧

和竞技掼蛋追求胜利不同，娱乐掼蛋追求更多的是娱乐和社交，有顺口溜为证：

与同事打掼蛋，讲娱乐；

与领导打掼蛋，讲政治；

与客户打掼蛋，讲尊重；

与老友打掼蛋，讲友谊；

与新友打掼蛋，讲谦虚；

与女生打掼蛋，讲开心。

如果我们的技术较高，那就要适当照顾一下搭档和对手的感受。有以下几个要点。

1. "不剃光头"

如果打2局，最好的比分是1∶1；

如果打3局，最好的比分是2∶1；

如果打4局，最好的比分是3∶1；

如果打5局，最好的比分是3∶2；

……

如果打10局，最好的比分是6∶4。

我国的乒乓球选手，在打对手10∶0时，总要让一分，有"不剃别人光头"的优良传统。

打摜蛋也一样，总要让对手胜一局，不然容易没朋友。

有位摜友，打摜蛋总以"剃"别人光头为乐，但牌场得意，生意场上失意。他的很多项目都半途而废，遇到困难也很少有人愿意帮助他。本来摜蛋是社交工具，但在他手里变成了断交工具。

2. 抢占天王山

抢占天王山就是抢占制高点。在第1局时全力争胜，拿到制高点后，在第2局时就可以适当放水，最终结果1∶1平，以和为贵皆大欢喜。

但如果第1局输了，第2局就被动了：再输有损高手的声誉。

3. 不动声色让牌

放水也要有水平，不然容易被别人看出来，效果反而不好。

可以这样操作：

➤ 适当放松控制：特别是领导出的牌，能不压就不压了。

➤ 适当调低自己的打牌水平：比如记牌只记4张王。

➤ 适当放松对规则的要求：允许对手悔牌。

人生的大智慧有"四不尽"：事不可做尽、言不可道尽、势不可倚尽、福不可享尽，可以再加上一条"牌不可赢尽"。

领悟"六胜四败"的智慧：别人的快乐，也可以是我们的快乐。即便是没控制好，变成了"四胜六败"，也仍然满心欢喜，约好时间下次再战。

附　　录

一、牌型与大小

1. 七种普通牌型（冷兵器）

1）单张：任意一张牌。

2）对子：两张牌点相同的牌，包括对大王和对小王。

3）三同：三张牌点相同的牌。

4）杂顺：五张牌点相邻、花色多样的牌，也称单顺。

5）双顺：三个牌点相邻的对子，也称木板、三连对。

6）三顺：两个牌点相邻的三同，也称钢板、二连三。

*杂顺、双顺、三顺，还有炸弹中的同花顺牌型，都属于顺子。顺子中A可以下放为牌点1使用。顺子中最小的牌点为1，最大的牌点为A。

7）三带对：一个三同和一个对子，也称葫芦、夯。

*前三种是单一牌点的牌型，后四种为组合牌点的牌型。

2. 三种炸弹牌型（热兵器）

1）同花顺：花色相同的顺子，也称火箭。

2）同炸：四张或四张以上牌点相同的牌。

3）王炸：四张王。

3. 大小比较

1）冷兵器之间：不同牌型不能比较大小。相同牌型按牌点比较大小，但三带对只比较三同的牌点，不比较对子的牌点。

2）冷兵器与热兵器：热兵器大于任意一种冷兵器。

3）热兵器之间：不同牌型可以比较大小，按王炸＞6同及以上＞同花顺＞5同及以下的顺序。同花顺之间按牌点比大小。同炸之间，张数多的＞张数少的，张数相同的按牌点比较大小。

4）牌点大小：大王＞小王＞级牌＞A＞K＞Q＞J＞10＞9＞8＞7＞6＞

5＞4＞3＞2。

二、级牌

1. 第一副牌的级牌为2，之后新牌点的牌升级为新级牌，2变成普通牌点。

2. 级牌在顺子中必须下放为非级牌使用。

3. 红心级牌，也称逢人配，逢非王（鬼）牌可变成任意一张牌，以组成合理牌型。

1）组同炸：444+♥2=4444（变成4）；

2）组同花顺：♣4+♣5+♥2+♣7+♣8=同花顺♣45678（变成草花6）；

3）组木板：445+♥2+66=445566木板（变成5）；

4）组葫芦：444+♥2+3=44433（变成3）。

三、升级、进贡与过关

1. 按出完牌的先后顺序，称为上游（头游）、二游、三游、下游（末游）。仅上游方升级，同伴二游升3级（也称双上，或对方双下，牌局直接结束，不再分出三游和下游），同伴三游升2级，同伴下游升1级。

2. 进还贡。在出牌前，由上副牌的下游向上游进贡牌点最大的一张牌（红心级牌除外），上游还贡一张牌点<=10的牌给下游，由进贡者领出牌。双下时，两位牌手均要进贡；上游选择牌点较大的牌，同伴选择牌点较小的牌，并对应还贡。若牌点相同，按贡左还右的口诀进行贡还牌。统一由进贡给上游者领出牌。

抗贡：如进贡者（下游一人或双下方合起来）抓到两个大王，则不需进贡。首圈由上游领出牌。

3. 过关。A必打，一家上游，且同伴至少获得三游，才能打过A关，获得一局的胜利。

四、其他

详细规则请阅读：《江苏省掼蛋竞赛规则（2023）》和《竞技掼蛋竞赛规则》。

附录2：术语解析

1. 逼炸：出只有炸弹能打的登基牌

2. 参谋：同"级牌""主牌"

3. 冲关：闯关

4. 大肚子牌型：AABBBCC牌型，变形木板的一种

5. 倒挂冲刺：尾牌原理在残局的具体运用

6. 登基牌：一种牌路中最大的牌

7. 顶嘴：相同的牌被顶住

8. 垛口牌：牌形宽且一高一低，预示牌力较差

9. 逢人配：红桃级牌，作用与麻将的"百搭"相同

10. 钢板：三顺，特殊牌型，比木板攻击力稍强

11. 高单：10以上的单牌

12. 格子牌：同"垛口牌"

13. 够嘴：具备冲刺条件

14. 鼓张：变形木板多出的一张

15. 夯：三带对、3+2

16. 核炸：同"王炸"

17. 花：同花顺的简称

18. 画牌：J、Q、K，也称花牌、花人牌

19. 混搭：同"逢人配"

20. 火：同"炸弹"

21. 火箭：六头及以上的炸弹

22. 级牌：同"主牌"

23. 进手张：登基牌和炸弹。借用桥牌概念，但不太准确

24. 净枪：余牌全是炸弹

25. 局点：同"扛旗"

26. 看不见：同"过"

27. 扛旗：打A

28. 靠背：同"钢板"

29. 轮次：一手牌

30. 木板：三连对，双顺，特殊牌型，有一定的攻击力

31. 排炸：同"吸炸"

32. 派司：同"过"，英文PASS的中译

33. 配牌：名词同"逢人配"，动词为调整牌的组合用法

34. 气门：同"空门"

35. 枪：同"炸弹"

36. 任意配：同"逢人配"

37. 三同牌：同"三头"

38. 上手：获得出牌权

39. 手数：出多少次把牌出完

40. 首攻：一副牌第一次出牌

41. 双上：某队分获一、二游

42. 双下：某队分获三、四游

43. 随人配：同"逢人配"

44. 套牌：顺走坐轿牌或赘牌

45. 提炸：同"逼炸"

46. 天炸：又称通天炸，同"王炸"

47. 听牌：余一手牌出不去

48. 头子：同"登基牌"

49. 王炸：又称天王炸，四张王组成的炸弹

50. 吸炸：将炸弹吸引出来

51. 先手：拥有领出权，即主动权

52. 腰牌：切牌

53. 腰张：中间张，一般指5和10，组顺子的关键张

54. 一局牌：从一方开始打2到一方打A通过

55. 一盘牌：从抓牌到决出游次，也称一副牌

56. 圆手：一级圆手即听牌，是对逼近听牌的衡量

57. 炸沉底：同"净枪"

58. 炸弹：可打任何牌型

59. 炸点：出炸的时机

60. 止张：同"进手张"

61. 主牌：级牌。当前打几，几是级牌

62. 赘牌：需要上手后才能出去的牌

63. 自由牌：同"逢人配"

64. 组牌：名词是3+2、杂顺、木板、钢板的统称，动词同 "配牌"动词

65. 坐轿牌：跟着出能顺走的牌

附录3：思考题答案

第104篇思考题答案：

南家过单9，用逢人配上手，然后打56789的杂顺，最后脱手对J，即可击败西家。

如果按"拆大不拆小"的原则，拆出单J南家就败了。

本题的重点是，对"对+顺"牌型的敏感性，以及跳出逢人配组炸弹

的思维惯性。

第105篇思考题答案：

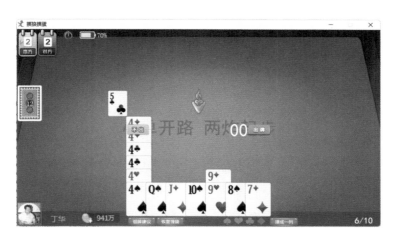

先过9，保持7-Q两头延伸的顺子，之后过Q或顺子即可获胜。如果先过7，后面单9就不容易过掉了。

第106篇思考题答案：

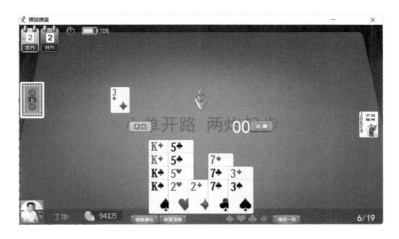

南家应先上四张K的炸弹阻挡，然后按"七张八张，出顺打夯"的口诀，打三张5带对3，保留枪和夯的灵活性，即可打东西方双下。

如果不小心先上四张5的炸弹阻挡，再出77733时，西家通过记牌，算到了南家的四张K，可以放过不要。这样南家无法摆脱尾牌被干扰的局面，很可能出单2放下家拿二游。

后记：不求功名与谁同

从决定写作到完成本书，总共用了不到三个月的时间。这个速度无疑得益于掼蛋运动的快速发展，各种写作的素材唾手可得。

"掼蛋的夏天来了！"徐州市扑克牌协会第一任主席李桂清先生如是说。诚然，自新冠疫情结束以来，掼蛋逐渐走出苏皖两省，走向了北上广深大城市，走向了全国乃至全世界。各大掼蛋赛事如火如荼地开展，各种掼蛋书籍雨后春笋地出版，各类掼蛋周边产品也都广受爱好者的欢迎。

但进入2024年以后，人们却感受到了前所未有的"寒意"：工作不如以前好找了，钱不如以前好挣了，一切都仿佛越来越内卷了。

这本是经济周期的正常现象，但几十年高速增长的经济奇迹，把人的欲望拔得越来越高，很多人因此被房贷、车贷、下一代压得直不起腰来。当能力的发展远远跟不上欲望，很多人走向了另一个极端：干脆躺平，甚至沉迷于游戏和电子产品等。

难道这就是我们想要的生活吗？

很久以前追过一部电视剧《长安十二时辰》，剧中的大反派徐宾创造了大案牍术，改进了税法和造纸术。按理说，科技比政治更造福人类，可他偏偏想入主凤阁，最终落一个身死名裂的下场，真是可惜了这样的人才。

无论是剧中的徐宾，还是当今的我们，如何管理欲望是一个问题。什么是稀缺，由谁来定义稀缺，则是另外的更大的问题。这些问题当中，可能埋藏着解决我们困惑的答案。

想起《长安十二时辰》剧终时，我写的一首业余小诗，提醒所有的掼迷朋友们：福不尽享，牌不尽赢，但行好事，不求功名。

这诗正是：

> 十二时辰转瞬空，
> 欲将蓝衫换紫红。
> 大案牍术招已尽，
> 难求功名与谁同。